U0417797

好父母养出好孩子

给家长的 35 堂教育思考课

高金国　著

化学工业出版社
·北京·

35 堂教育思考课，缓解家长焦虑，营造良好的家庭氛围，为孩子培养未来的核心竞争力。本书分为六个章节，从当下、友善、安全、全球、绿色、创业家六个角度切入，培养孩子的时间观念、同理心、挫折耐受力、积极心态、有效沟通、自控力等综合素质。作者综合了国内外的经典案例，根据自身多年的家教咨询经验，进行本土化拓展，搭配亲子家教卡和好家长提醒卡，是一本真正适合中国家庭的实用家教宝典。

图书在版编目（CIP）数据

好父母养出好孩子：给家长的 35 堂教育思考课 / 高金国著 . 一北京：化学工业出版社，2020.3
ISBN 978-7-122-35075-6

Ⅰ . ①好… Ⅱ . ①高… Ⅲ . ①家庭教育 Ⅳ . ① G78

中国版本图书馆 CIP 数据核字（2019）第 182692 号

责任编辑：丰 华 李 娜　　装帧设计：今亮后声 HOPESOUND pankouyugu@163.com
责任校对：王鹏飞

出版发行：化学工业出版社（北京市东城区青年湖南街 13 号 邮政编码 100011）
印　　装：三河市航远印刷有限公司
880mm × 1230mm 1/32 印张 $8^{1}/_{2}$ 字数 200 千字 2020 年 3 月北京第 1 版第 1 次印刷

购书咨询：010-64518888　　售后服务：010-64518899
网　　址：http://www.cip.com.cn
凡购买本书，如有缺损质量问题，本社销售中心负责调换。

定　价：49.80 元

序言

你为什么要读这本书？它有什么用？

虽然已经出版了十几本书，但我依然相信，这是迄今为止最好的一本。写作过程中，我一直在问自己两个问题：

为什么要读这本书？

这本书有什么用？

为什么读这本书，答案很容易找。世界上没有不焦急的家长，他们着急，不光是因为学习成绩和学区房，更因为“家长大多是未经培训、无证上岗”。当孩子叛逆、青春期爆发的时候，他们手足无措；明知道打孩子不对，却又不知道该用什么方法来应对。

不仅家长急，我也急。我经常和一些家长交流，真是不交流不知道问题严重，不交流不知道问题之多，不交流不知道差距之大。教育界、心理学界公认的一些原则，有些家长并不清楚。比如打孩子，无论你怎样出于“恨铁不成钢”的心态，孩子也只会“越打越糟”，你想象中的“打是亲、骂是爱”，也只能存在于想象之中。

更多的家长陷入了一个误区：认为教育是学校的事情，家长只要在物质上把孩子供养好就可以了。他们的理由也很坦率：教育孩子我们不专业，教错了怎么办？

然而真相很残酷：如果家长自己不改变，孩子就不会改变。对孩子一生影响最大的，不是基因，不是智商，而是环境——尤其是家庭环境。你要努力成为好家长，才有可能养出好孩子；你不努力成为好家长，孩子就无法成为好孩子。

家长着急，我也着急，这是写这本书的最大动力。

我是一个看书很多的人。有时候看到一本书，觉得很好，很激动，迫不及待地读完了；读完之后，“五分钟热度”过去，第二天一觉醒来，“激情”全跑光了。

这种情况想必你也遇到过。它可以从两方面来分析。其一，书很好看，但不实用、不适用，只能让你“空激动”一番。其二，书很实用，但其中的方法、技巧、理念，实践起来有难度，需要一个适应过程，甚至需要进行一定的训练，才能真正掌握。后一种情况并不是书不好，而是人在偷懒。

这本书可能会成为第二种，所以我需要你配合一下，克服掉“五分钟热度”，做到“放下书本，就能立马行动”。知识永远只是知识，行动才是真正的教育。

不要相信什么“天才论”。上一样的学，学一样的课，为什么“别人家的孩子”总比自己的孩子优秀？不是他们“天赋异禀”，最重要的原因，是他们的家庭教育环境比你强。

好的家庭教育环境，分两方面：一个是硬件——比如你家里有没有藏书、孩子做作业的环境等；一个是软件，包括父母的管理方式、教育方式、个人涵养等。

成为“好家长”，需要你行动起来，从硬件到软件都做出改变。在书中，我们会提到很多规则，比如：

和善而坚定

开家庭会议

积极的暂停

用同理心去沟通

不给孩子贴标签

……

这些原则，所有“无证上岗”的家长，第一次尝试的时候都会十分困难，但你必须走出第一次。迈出第一步后，大脑会慢慢适应，逐步改变。

规则不会立竿见影，效果可能在一段时间之后显现；也有的规则你一时半会儿很难做到（比如既要和善，又要坚定，的确很难），甚至偶尔失控，没关系。当你失控的时候，只要意识到自己违反了规则，就是进步。冲孩子发火之后，去自己的房间冷静一下，然后扔掉面子，给孩子道个歉。说完“对不起”（态度要真诚）之后，你会发现，向孩子道歉原来没那么难，而你们的关系，仿佛一瞬间有了许多改变。

能有这种改变，我就心满意足了。作为作者，我不期待你把这本书夸得多好，只要你说句“这本书还有点用”，一切就很完美。

高金国

目录 CONTENTS

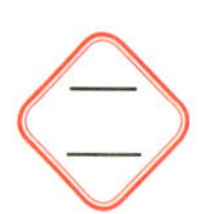

什么是安全

什么是全球

什么是当下

抓住当下　改变从现在做起

知道德鲁克吗？他拥有“现代管理学之父”“管理学大师”等超凡的名头。当然，名头不重要；重要的是，他很成功。

很多年来，我一直试图寻找一种连接——童年与成年的连接。它像一根无形的丝带，把童年和成年连接起来。德鲁克身上，就有一根“五彩丝带”。

你一定听说过“目标管理”这个词。在公司，在商界，这个词几乎无处不在。它的提出者，就是德鲁克。

德鲁克的“五彩丝带”，一端连着他一生最重要的成就——目标管理，另一端则是他的童年教育。他上小学的时候，老师埃尔莎给了他一个笔记本，并告诉他：把本周想要学会的东西，写在本子上；周末的时候，拿出来看看，哪些做到了，哪些没做到。

或许可以说，是埃尔莎发明了“目标管理”，德鲁克是这种管理方法的受益者；只是他站得更高，进一步发现了管理学的奥秘。

没有连接童年的“五彩丝带”，德鲁克会有后来的成功吗？或许也会，但更大的可能，是会走很多弯路。良好的童年教育则告诉他：孩子，你这么走，会更快抵达。

1 当下决定孩子的未来

有一天，年仅 5 岁的孩子忽然对医学产生了兴趣，你会让他学习医学吗？不，这不可能！

美国哈佛大学的一位神经学教授、心理学专家，也遇到了同样的问题。他的另一重要身份，是一位父亲。

放学的路上，儿子发现了一件令他无法容忍的事情：几个同学在欺负一只流浪的小猫。小猫被折磨得奄奄一息。儿子挺身而出，挡在了那帮“坏孩子”面前，救下了小猫。

面对受伤的小猫，儿子一筹莫展，只能把它带回家，求助于爸爸。爸爸虽然是神经学教授，但不是医生。好在，他有不少医生朋友，于是马上把小猫带到了医生那里。

神奇的事情发生了。奄奄一息的小猫，在医生的救治下“复活”了。

在爸爸眼中，这只是一次“爱的教育”而已，他很满意。儿子却没有止步，对爸爸说：

“爸爸，这太神奇了！我可以学医吗？不是将来，是现在！”

“现在？早了点儿吧？你只有 5 岁！”——抱歉，这是我们的想法。这个爸爸什么也没说，带着宝贝儿子来到他的书房，找出一本

《人体骨骼全图》。

“很好，儿子。生理学是医学的基础，你要先从生理学开始。你可以学习生理学，现在！”

这个孩子，可能是有史以来通过美国职业医生资格初级测试的年龄最小的人。因为那一年他才五六岁。

他叫威廉·詹姆斯·塞德兹，被誉为有史以来智商最高的人之一，11 岁就考入了哈佛大学，并以优等生的身份毕业。他的父亲——鲍里斯·塞德兹进行了一次伟大的教育实验，最终把儿子培养成了“天才”。

注意，这个“天才”是加了引号的；世间极少有“天生的神童”，他们中的大多数，得益于后天的培养。

塞德兹的人生其实并不圆满，超高智商没有带来人们期待中的成就，但老塞德兹的早教模式，还是有很多可取之处的。其中最核心的一点就是：教育从当下开始，越早越好。

只要孩子感兴趣的，就让他去学，学医不一定非要等到上了大学——即便孩子感兴趣的只是一块石头。

奥本海默七八岁的时候，就痴迷于各类岩石标本，堪称“专家”了。12 岁时，他因与地质学者研讨中央公园岩石的形成，引发了广泛关注。纽约矿物学会于是邀请奥本海默做一个主题演讲。

演讲之前，12 岁的奥本海默十分紧张，他要求爸爸向纽约矿物学会认真确认一下：他们真的打算邀请一个 12 岁的孩子在一大堆成人面前演讲吗？他们是否确实知道演讲者的年龄？

在得到爸爸肯定的答复之后，奥本海默才放下心来。然而，演讲的时候还是出了点意外，因为演讲台前面的桌子太高，观众只能看

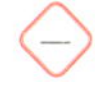

到演讲者时隐时现的头顶。后来垫了一个小木箱，奥本海默才露出了自己的脸。

奥本海默也是一个天才一般的人物，后来成为美国曼哈顿计划的首席科学家。和塞德兹一样，他的成才，也源于这样一句话：抓住当下，马上开始；学习和培养没有早晚，只有当下。

……可是，孩子不懂啊。甚至，他都没有时间概念，总觉得“一切还早呢”。这可真是个难题，需要一步一步解决。不过，当下，我想你需要拿起笔，先给孩子讲一个故事、一个单词。

一个故事

2000 多年前，一位老人站在汹涌澎湃的大河边上，忽然发起了感慨，大声地说：“逝者如斯夫，不舍昼夜！”

——时间就像流水一样，不停地流逝，一去不返啊！

这位老人，名叫孔丘。

就是这个故事——简单得甚至不能称之为“故事”。为了让它形象一点，你可以和孩子一起分析：孔子这个老头子，为什么会感慨时间流逝呢？

可以启发他：昨天过去了，还会回来吗？

甚至可以残酷地问：“未来”——你的未来，是无限的还是有限的？

一个单词

一个叫斯宾塞·约翰逊的人，也在思考和孔子一样的问题，只是角度略有不同。

时间像流水一样快，像风一样无形，我该怎样把握它？

2003 年，他终于“想通了”，于是写了一本书，名字叫《礼物》。事实上，他想了整整 20 年：“我在脑中开始构思《礼物》，是在 20 世纪 80 年代早期，到现在（2003 年）有 20 年了。”

礼物？这么简单的课题，需要想 20 年？

“礼物”二字，翻译成英语，是 present。

直到斯宾塞忽然想到了 present 的另一层含义，一切豁然开朗。它的另一层含义是：当下！

“当下”，就是上帝赐给你的礼物！

把握当下，珍惜当下，你就拥有了世间（或者说上帝送给你的）最美妙的礼物！

对孩子来说，生命是一种必然；从生理学的角度而言，每一个

家教专家谈

隔断已经死去的昨天，也隔断那些尚未诞生的明天，你拥有的就是今天。

明天的重担，再加上昨天的重担，就会成为今天最大的负担。要把未来像过去那样，紧紧地关在门外；因为未来就在于今天。

——威廉·奥斯勒

孩子的出生，却都是一个巨大的偶然：如果爸爸妈妈恋爱时分手了，就不会有他；如果孩子还是细胞（精子）的时候“跑”不了第一，也不会有他……

爸爸妈妈很清楚这种“巨大偶然性”，知道孩子来之不易，父爱、母爱无时无刻不在积聚，等待爆发；孩子却只知道自己来到世间的“必然性”，“家中我最大”的称霸企图无时无刻不在积聚，也在等待爆发……

偶然性和必然性碰到一起，往往就是矛盾爆发的时候。

为什么孩子难教育？根子就在这里。

所以，教育孩子的前提，是让他知道：“我”来之不易，生命是父母的赐予和老天的眷顾。

可是，这话怎么说得出口呢？道理在心里，完全正确；说出来，就成了“以大压小”：“你就是欺负我是个小孩子！”

这个时候，我想需要一点仪式感。

找一个小黑板，或者一张干净的白纸，在上面写下一个单词：present。

——我们一块研究一下这个单词，好不好？

查字典，百度。

家教专家谈

到了 3 岁开始出现人的“社会性分娩”，这时孩子开始知道昨天的自己、今天的自己、明天的自己，都是同一个自己；开始懂得自己不是融合于周围环境之中时隐时现的存在，而是一个一贯行动着的主体。

——王东华

忽略掉其他，只关注两层含义：①礼物；②当下。

然后问他："你有没有想过，为什么英国人在发明这个单词的时候，会让它既表示'礼物'，又表示'当下'呢？"

不懂，不理解，没关系。明天继续。

很多道理，是在绵延多年之后，忽然懂的。而这种"懂"，一定是因为儿时埋下了种子。

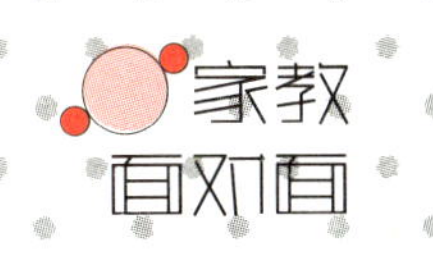

家庭教育中的同理心实验

对爸爸妈妈来讲，孩子的到来，是偶然中的偶然；对孩子自己来说，他的到来，却是必然中的必然。在孩子对世界的了解混沌未开的时候，爸爸妈们可以认真做做这个实验。

- 物品准备：手机，听话的宠物狗，绳子等物品（固定手机用）。
- 实验开始：把手机固定在宠物狗的背部，打开摄像功能。让宠物狗背着手机，在房间内、院子里走半个小时。

如果宠物狗不听话，拍摄工作就要由爸爸来代劳了——恐怕这有点累。

没关系，即便几分钟也好。宠物狗的视线高度，和孩子的视野差不多，通过这段视频，你可以发现孩子看世界的视角。

他的视野中，满满都是大人的腿和屁股，以及桌子腿、沙发腿；大人一眼就看见的台阶，他却看不见……

做了这个实验，你对“同理心”会有更加深刻的感受。所谓同理心，简而言之就是“将心比心”，站在对方的位置考虑问题。

拥有了同理心，你就不会在孩子拖拉的时候呵斥他：“你怎么一点都没长进？”

2 用一张时间表培养孩子的时间观念

几乎每一个孩子都喜欢拖延，因为他们从出生起，习惯的是人类的“自然规律”，而非“社会规律”。

饿了才想吃饭，困了才想睡觉——这是人类的“原始习性”“生物习性”，怨不得他们；但对已经成年的爸爸妈妈来说，习惯的是人的“社会习性”：中午12点必须吃饭，不饿也得吃；晚上9点必须睡觉，不困也得睡。

接下来，和孩子一起，做一道计算题：

一年有多少小时？

24（小时）×365（天）=8760小时。

8760小时！这就是我们的一年！

在这8760小时中，你每天要拿出8小时来睡觉，拿出3小时来吃饭，拿出2小时来挤公交……

孩子对“一年”没有太清晰的概念，但小时不同；把时间具体化，“当下”就更清晰了。

如果还不够，可以具体到分钟。有一段时间，女儿的作业效率

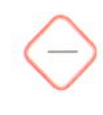

很低。我对她说：“你想提高效率的话，必须具体到分钟！”

她的老师采取了一个很有效的办法：每人发一摞小贴纸，每天晚上，记下开始做作业的时间以及做完的时间。

这样一来，孩子对“做作业需要的时间”，就有了相对清晰的概念。

成功源于细节，教育也源于细节。你可以和孩子一起，列一张计划表，一定要具体到分钟。

具体到个位数！仔细看看，这是“成功人士”与“普通人”的一个重要的不同。房地产大亨王健林的行程表上，写的一定是“2 点 15 分到达机场”“2 点 45 分到达宾馆”，而不是笼统的“2 点 ~4 点到某地”。

很多人会说，这是因为王健林成功了，所以才这么做。有这种想法的人，可以观察周围的同事，有没有人把行程具体到“3 点 16 分”“4 点 15 分”；如果有，两三年之后，他一定会升职，或者在其他方面大获成功。

可以这么说：

不是因为王健林成功了，他才这么做；是因为他一直这么做，所以他成功了。

孩子做不到，没关系，这只是开始；家长现在要做的，是让孩

家教专家谈

大部分人都是在别人荒废的时间里崭露头角的。

——美国汽车大王亨利 · 福特

子体会到时间的价值。

怎么做远比怎么说重要。家长可以针对某件事情设下闹钟，具体到几点几分，并严格按照这个时间表去做。

很难是不是？那就从最简单的开始：洗漱。

21点30分，宝宝洗漱时间，5分钟结束；

21点35分，妈妈洗漱时间，3分钟结束；

21点38分，爸爸洗漱时间，3分钟结束；

21点41分，全家进入“准备休息”状态；

21点50分，熄灯睡觉。

有点像军营是不是？军人最大的特点，就是时间观念强。每个家庭都可以随机设计这样的表格，贴在房间里面。

这件“最简单”的事情，其实并不容易。无论如何，这是个开始。当你决定改变，那么最困难的部分已经结束。

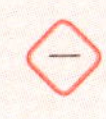

孩子爱看电视的难题怎么解？

设想一下，这样的场景，是否曾经发生：

晚饭后，客人来访。你今天本来不打算看电视的，为了缓解聊天时“冷场”的尴尬，顺手打开了电视机。

此时你的注意力集中在客人身上，没发现本来打算去做作业的孩子，竟然窝在了沙发上，津津有味地看起了电视。

你及时制止：“做作业去！”

儿子不情愿地离开。

15分钟后，儿子又悄无声息地出现在客厅，搬了一个小凳子，躲在高大的绿色植物后面，继续看他的电视。

你发现之后，想要制止，却引发了孩子的怨气：“为什么大人能看，小孩就不能看？”

“因为小孩子有自己该干的事！”当着客人的面，孩子和自己发生冲突，让你很不爽，极力压制着自己。

如果有个心理学家会“移形大法”，能够瞬间赶来，他会怎么做呢？

第一，关掉电视。

第二，对你说，“我们需要单独谈谈”。

专家会跟你说些什么呢？简而言之：**环境比规则重要，“怎么做”**

比“怎么教”重要。当其他人都在看电视，孩子却被关进房间里做作业的时候，在他眼中，这是一种“不公平”的对待；你的确是有规则的，但这个规则，是在不公平的环境之下建立的，所以——只会引发反抗。

当大人说：“小孩子就该做作业！我小时候也是这么过来的！大人有大人的生活方式，大人上了班，看电视可以放松、休息；小孩子没办法，上完了学，就该做作业！”

对不起，这叫“家长霸权”。这种霸权最终引发的，是家长与孩子的“权力”之争。

看电视是一种“众生平等”的娱乐活动，如果你借口孩子有“做作业”这一责任，而不可以看，那你也不可以看，所以，把电视关掉。

然后呢？既然孩子在学习，你最好也在学习，或者做点家务。总之，形成一种“全家人都在工作”的氛围和环境。电视不是不可以看，忙完了，一起看。

从家庭的角度而言，优秀的孩子不是教育出来的，更不是管出来的，而是“环境”影响出来的。

3 用 21 天，帮孩子养成好习惯

尽量不要把生命用数字来衡量——会显得很残酷，不过实在是没有办法，因为——不用数字丈量一下生命，你就不知道生命有多宝贵，更何况孩子呢！

所谓家庭教育，其实就是坚定而高效地走完和孩子该走的路。

这条路，不算太长。算一算，一个人就算活到 80 岁，生命也只有 70 万小时。我们要做的，就是利用 500 小时（大约 21 天）的时间，让孩子养成一个良好的习惯，从而让他的 70 万小时更有意义、更具价值。

在开始之前，我们先把孩子放在一边，聊一聊心理学上的一个奇怪现象。

你有没有注意到一个问题：如果郭德纲或者岳云鹏，把爆笑的气氛烘托起来了之后，那么，即便他们说一个很普通的“梗”，也会引发爆笑？这个“梗”，如果很突兀地出现，可能一点都不好笑。

家教专家谈

优秀不是一种行为，而是一种习惯。

——亚里士多德

这个时候，影响你的不是郭德纲、岳云鹏，而是氛围，以及你的大脑。

在你的大脑中，有种东西，叫“镜像神经元”。“神经元”是干什么的，不用管它；但“镜像”，你肯定知道——不就是镜子里的像嘛！

镜像神经元就是这样一种脑细胞：它能让人通过模仿来学习。也就是说，郭德纲把观众逗乐之后，即便你对他说的东西毫无感觉，脑细胞也会很热情地去模仿观众的笑声，从而让你不由自主地跟着大笑起来，直到流出眼泪。

这就是“为什么笑声会传染”的原理。严格来讲，不是传染，而是大脑天然会模仿。

回到子女教育问题上来。因为“镜像神经元”的存在，国外一个基金会发现了一个令人吃惊（好像也不算太奇怪）的事实：

见过父母喝醉的小孩，他们成年之后，经常喝醉的概率，是其他人的两倍。

如果你很侥幸地想：“嗨，幸亏我喝醉的次数不多，也就让孩子撞见过一两次……”你一定忘了专家是很擅长“补刀”的。

专家接着“补刀”：研究结果显示，即使孩子们只见过几次，结

家教专家谈

人培养了自己的习惯，又逐渐被这种习惯所改变，这就是习惯的力量，好习惯和坏习惯都是如此。

——赫伯特·斯宾塞

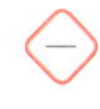

果也是一样的。

这就是为什么我们一直强调：

教育孩子的前提，是教育家长；

在要求孩子改变的时候，家长必须同时改变——如果不是更早的话。

这不是什么秘密，我想每一次家长会之后，你都会痛下决心：我要改变，一定改变！我要关掉电视，每天晚上画画、写字、读书，甚至像西方家庭一样，吃饭前感恩农民，开家庭会议，和孩子谈心……

或许你真的会尝试一两次，但几天之后就一切如昨，再也没有什么进展了。电视剧里父母和孩子沟通、开会的和谐场面，到你的家庭中就会演变为父子之间的责骂、争吵。

不要着急。跟研究“笑声为什么会传染”一样，我们从大脑中寻找答案。

是的，这不怪你，怪就怪那个稀奇古怪的“神经元”吧！

这种脑细胞的“脾气”有点古怪，和你一样，它会被动地接受“传染”，却不想主动作为，属于“保守分子”。如果你忽然开始了一个新

家教专家谈

孩子应该得到同等的尊严和尊重；他们也应该有机会在和善而坚定——而不是责难、羞辱和痛苦——的氛围中发展自己所需要的人生技能。

——简·尼尔森

的行动，它会很不适应，也就无法支持你的行为。

让它适应这个行为的唯一办法，就是不断地练习、练习、再练习。比如和孩子谈心、开家庭会议——很多中国家长并不适应这种“西式”教育模式，所以，开始了第一次之后，你要努力坚持，几个月之后，大脑会建立一条新的神经通道来支持你的行为，那时候，这种方式也就十分顺畅、自然了。

大人如此，孩子自然也是如此。坏习惯可以“无师自通”“天然习得”，好习惯却是需要花费力气来纠正、养成的。

在这个过程中，家长付出的代价、精力，要远远超过孩子。

开始这 500 小时之前，家长可以每天默念这两句话：

我是一个极具耐心的妈妈（爸爸）。

我是一个尊重孩子的威信型妈妈（爸爸）。

必须有点仪式感——这种默念，或许显得滑稽，但要记住：每天唠叨这两句话，不是说给自己听的，而是说给你的神经元听的。

你身经百战，自然不会被这种“小伎俩”欺骗，但你憨厚的神经元会。准确地说，这叫心理暗示。

另一个需要解释的名词，是威信型家长——这是教育专家界定的四类家长中最理想的一类。

四类家长，即：

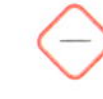

- 权威型（虎爸虎妈，十分严厉、强势的家长）
- 疏离型（不怎么管孩子，和孩子的关系比较冷淡）
- 放任型（孩子想怎样就怎样，要什么给什么，考零分也高兴）
- 威信型（对孩子既有要求、规范，又能给予关怀和支持，认同并尊重孩子的需求）

我们都是普通的大多数——前三类的居多。没关系，要有上进心，欺骗一下自己的神经元，鼓励自己往最高要求的“威信型”家长迈进吧！

成为威信型家长的基础是什么？我觉得，是尊重。在尊重的基础之上，给孩子建立各种规则，才会更加顺利。

不尊重孩子而盲目建立规则、培养习惯，那叫权威型家长——虽然只有一字之差，效果却相去甚远。

利用这500小时养成一个好习惯，就要按照这个逻辑进行：

按照这个逻辑，在让孩子养成一个好习惯之前，你需要打破心理障碍，和孩子谈谈心——甚至开一个家庭会议，来共同探讨养成一个好习惯的必要性。

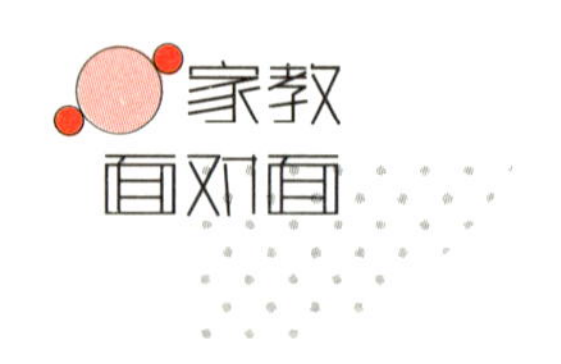

养成好习惯的2个关键

比如，家长不想让孩子赖床，希望孩子能养成按时吃早饭的好习惯——这就可以成为家庭会议的主题。

你看，虽然你放暑假了，可爸爸还要上班，每天最晚 8 点就要吃早饭；可你都要睡到 9 点半以后，10 点才吃饭，这样的话，妈妈就不得不每天做两次早饭，一次给爸爸和妈妈，一次给你。

——这是提出议题（当然啰，可以让孩子来当主持人，主持家庭会议）。

注意，不要一上来就质问孩子："你为什么老是起那么晚？你就不能起早一点？让妈妈每天做两次早饭！"

（如果忽然之间想到做饭的满腹委屈，忍不住要爆发了，一定要在心里默念："我是威信型家长，我是好家长，不是坏家长！"）

一定要心平气和，以"解决问题"为目标，千万不要无意之中把发泄情绪当成了目标，千万！

问题提出来之后，自然就是"分析问题"。

注意，不要直接说答案！很明显，大人在玩一个"诡计"——企图建立规则。如果自己说出答案，往往意味着大人强行建立规则，那就会

被理解为“以大欺小”，属于“权威型父母”的做派，孩子依然无法体会到你对他的尊重，也就不会乐意执行。

为什么戴尔·卡耐基说“人是无法被别人说服的，只有自己能说服自己”？就是这个道理。

让孩子自己分析，自己说服自己，远比父母的强加于人更有效。

“我们来一起讨论一下，妈妈早上做两次早饭，会有哪些弊端呢？”你可以这么启发孩子。

“同样的活干两次，妈妈会累。”

“做两次早饭，会造成资源浪费。”

“妈妈一早上都干不了别的了。”

“晚睡晚起对小孩子也不好，而且有时候妈妈有事出去了，饭就是凉的。”

……

有了这些“条分缕析”，接下来的事情就简单了：我们一起制定一个规则，让妈妈每天只做一次早饭，怎么样?

这时候，就有必要使用一点“权威”了，毕竟大人们的“诡计”多得是。如果孩子还不是很情愿——那么，我们一家人举手表决，好不好?

毫无疑问，爸爸总是支持妈妈的，面对1∶2的投票结果，孩子可能有点沮丧；但没关系，这会让他进一步知道——自己只是这个家庭的一分子，而非主宰者。

“不过，吃饭的时间可以由你来制定——前提是不能太晚。”为了缓和一下气氛，避免孩子产生“老妈这是给我挖坑”的想法，你可以再让一步。

“那么，最迟8点半吧。”

“8点半之后才起床的孩子，只能饿着，一直等到午饭。”这一点，你必须跟孩子说明白——因为，这是规则；是规则，就不能模糊。

以“解决问题”为目的，而且经过了充分分析、探讨的家庭会议，就是一个胜利的大会、继往开来的大会。

千万不要沾沾自喜。教育专家简·尼尔森提醒你：

事情在好转之前，往往会变得更糟。

出于新鲜感，孩子起先会遵守规则。几天之后，他一定会开始试图挑战规则，故意（也可能是那一天放松了自己）在8点30之后才坐到餐桌前。

简·尼尔森曾经因此和孩子进行了长达45分钟的“纠缠”。过了约定时间，尼尔森宣布：“按规则，你只能等着吃午饭了。”孩子开始挑战规则，自己去橱柜拿吃的，被尼尔森“和善而坚定”地抱了下来。

注意“和善而坚定”这几个字。

这个时候，简单粗暴地甩一巴掌，3分钟就能把事情搞定，犯不着这么麻烦。尼尔森虽然是教育专家，自己也快忍不住了。

大概她心里在不停地默念——“我是威信型家长，不是权威型家长！”——这才坚持下来的吧？

“和善而坚定”最终取得了成效，孩子发现自己无法挑战规则时，

乖乖地回去了。此后，这样的情况只出现过一次，而那一次，当尼尔森把他抱下来时，他只是嘟囔了一句“反正我也不想吃早饭”，就出去了。

所以，养成好习惯的关键，其实有两个：

- 充分尊重孩子的前提下，建立规则。
- 和善而坚定地执行规则。

最难的，往往是在孩子第一次挑战规则时的坚持。不坚持，就会前功尽弃，家长的威信也会受到影响，“威信型家长”就会离你越来越远了。

4 得了“躁郁父母综合征”怎么办？

躁郁父母综合征？

在了解这个名字之前，我们先来看两个例子。

一个小姑娘的话引发了一个教育专家的深思，她说，她不想在考试中考好。

……更直接点说，她想把考试彻底考砸！比如，交个白卷什么的。

专家当然很诧异：“为什么？”

“不为什么，”女孩淡淡地说，“我就是想气气爸爸妈妈，让他们吐血才好。”

奇怪的是，这种交流，往往发生在孩子和家长之外的人之间。很多内心深处的东西，他们不愿意和自己最亲近的父母交流。

与此同时，这个专家也经常遇到抓狂的家长。

（不过，下面这位家长并非前面女孩的母亲）

一位母亲近乎绝望地对专家说：

“天哪，我实在受够了汤米（她的儿子），恨不得他马上消失！我知道这样说自己的孩子不太好，但他真的快把我逼疯了！我再也不

会喜欢这个孩子了！我是不是已经疯了？”

专家能怎么办？很多时候，他们要么面对“快被逼疯的家长”，要么面对“快被逼疯的孩子”，然后让自己变成“快被逼疯的专家”。

好在这个名叫杰弗里·伯恩斯坦的专家内心坚如磐石，他只是据此创造了一个名词——躁郁家长综合征。

杰弗里给这个“综合征”归纳了很多症状，看起来眼花缭乱，诸如：

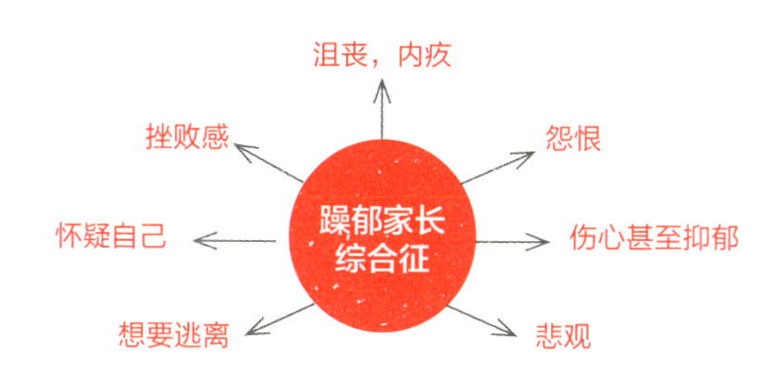

如果某一天你对别人说：“天哪，我快疯掉了！”毫无疑问，你已经加入了这个“病友群”。

这倒不是关键问题，关键问题是：

家教专家谈

家长中普遍存在着一种焦虑感，因为我们要对孩子的安全和幸福负责。我们希望孩子能“出人头地”，这也激发了我们的焦虑和担心。当我们觉得孩子没有做到他们需要做到的事情，或者做出了错误的选择的时候，负面想法就产生了。

——杰弗里·伯恩斯坦

第一，找出原因；

第二，找出办法。

原因是什么呢？

前面，我介绍了四种类型的家长——其实也是不得已，因为专家最爱给家长分类了。我喜欢更简单一点的，比如，把“躁郁型家长”分为两类：

- 过度控制型（对孩子过于严厉）
- 没有限制型（对孩子过于骄纵）

分成两类之后，是不是简单多了？如果你不属于这两者，或者能够将两者中和一下，那么，恭喜你，你属于“威信型家长”。

躁郁父母综合征，基本就源于这两类家长：要么对孩子实施过度控制，要么对孩子过于骄纵。

过度控制的孩子，在一段时期之内，可能表现得比较听话——但这是只表面。一旦他们爆发，几乎就是“鱼死网破”型的。为什么有的孩子因为成绩不好，或者被责骂了两句就跳楼？和家长的过度控制有很大关系。

记住：你越是想控制孩子，孩子就越不受你控制。

家教专家谈

学会倾听，别人才会倾诉；学会倾诉，别人才会倾听。

——特拉维斯·布拉德伯利

骄纵型的孩子，道理也是一样的，对他们而言，只有自由，但没有规矩。因为家长没有给他们立好规矩，“立规矩”的责任就交给了社会。但是，家长立规矩是软性的，社会立规矩则不仅有软性的，更有硬性的——比如法律、监狱。

过于骄纵孩子、不给他立规矩，就好比把没有受过训练的士兵送上以命相搏的战场：在家里的“作战”，都是模拟，都是打游戏，死了可以“续命”；到了社会上，就没有这样的机会了。

只要你能从“过度控制型家长”和“没有限制型家长”中脱身，“躁郁父母综合征”也就不治而愈了。

用正面管教法治好孩子的“做作业困难症”

让孩子安心、高效地坐在座位上，把作业做完，然后再起来玩耍，这是很多家长都梦寐以求的事。

为什么有的孩子能高效率地做完作业，有的孩子却不能？

你大概不难猜到，效率低下、无法专心完成作业的孩子，都出于这两种家庭：“过度控制型”家庭和“没有限制型”家庭。

让我们来看一下这两种家庭，在遇到孩子“做作业困难症”时的表现。

“过度控制型”家庭

阿迪做作业的时候，非常“不安分”，几乎过不了10分钟，就要站起来，东看看、西望望。这导致他写作业效率十分低下。

妈妈终于忍不住：“你现在问题很严重！写作业的效率这么低，不会利用时间，这样将来不管是上学还是参加工作了，都会吃大亏！”

——这是“过度控制型”家庭的第一个表现：直接下结论。

“现在，我们必须采取行动了。我们需要解决问题。”

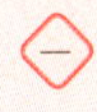

——“过度控制型”家庭，并不像我们想象的那样，就是“棍棒底下出孝子”的那种严厉教育；很多时候，一些看上去“苦口婆心”甚至心平气和地给孩子讲道理的家庭，也属于“过度控制型”。

“你现在能高效地做完作业，学会高效率地利用时间，这对你一辈子都很有好处的。可是，你现在的效率令人担心，别的同学半个小时就能做完的作业，你却需要两小时。问题在哪里？我已经看出来了，关键的原因，是你总是坐不住，老是起来，一会儿上厕所，一会儿吃零食，偶尔还看点电视……”

——这个地方需要按下“暂停”，让我们分析分析妈妈的这几句话。

为什么作业效率低？原因可以让孩子自己总结、分析，那样的话，他更容易说服自己，去克服困难。可是，如果这些总结、分析来自父母，他就会抵触，就会想办法反驳。

原本该由孩子总结、分析的问题，妈妈代替他做了——这是“过度控制型家长”的另一个典型表现。

“所以，我们必须采取措施。在你每次有了‘我要起来’这个冲动的时候，就要提醒你一下，从而让你克制住自己。比如，我们可以在你的座椅靠背上安一个装备，你一起身，就会碰到一个铃铛，铃一响，就会提醒你——坚持住，不要起来！怎么样？”

——“过度控制型”家长的另一典型表现就是：规则由家长制定，孩子不参与决策。

其效果，也就可想而知。即便孩子当时屈从，也会产生强烈的抱怨。

“没有限制型”家庭

“过度控制型”家庭虽然比较严厉，但这种严厉，不一定体现在表面上，而根植于父母的“控制欲”，所以这类家庭和权威型家庭并不完全等同。

但“没有限制型”家庭，几乎可以等同为“放任型”家庭。

“孩子，你做作业的时候，为什么老是不专心呢？妈妈很着急的。”

——“放任型”妈妈，并不等于不关心孩子的学业和前途，孩子不专心，效率低，她也会很着急。

“原来是这样。既然你说老是想起来上厕所，那是人的本性，没办法，但不能躲在厕所里玩手机……”

——这也算是“建立规则”，但往往没有效果：一是厕所内没法监督；二是孩子在多次骄纵之后，知道“妈妈的规则”是可以被自己轻易打破的。

“有时候你是因为饿了才起来，那这样吧，你别起来，妈妈把零食、水果给你端过去，省得浪费你的时间。”

——这是“放任型”家长的另一巨大误区，可以分成两点看：

第一，做作业时吃东西，本来就是一个“错误”，妈妈却用自己的行为鼓励这个错误，这几乎可以视同为“行贿”！

第二，即便因为特殊情况，允许孩子“做作业的时候吃东西”，也必须让孩子自己去拿东西吃，而不是由父母代劳！

记住儿童心理学家德雷克斯的一句话：

不要替孩子做任何他自己能做的事情。

既不“过度控制”，又不“过度骄纵”的家庭，该怎么做呢？简·尼尔森给这种家庭取了一个名字：“正面管教型”家庭。

“正面管教型”家庭

同样是面对孩子的“做作业困难症”，我们来看看这类家庭怎么做。

在不少地方，很多中学生做完作业经常要熬到晚上十一二点。但事实上，这并不完全是作业量造成的。

我女儿的班主任曾经采取了一个办法：让全班同学用小纸条记录自己写作业的开始时间、结束时间。老师的主要目的，是想对孩子的作业负担、睡眠时间有一个清楚的了解，结果却发现，不同的孩子，效率差距实在巨大。

有些孩子忙活到 11 点才做完，有的孩子 9 点多就做完了。他们的作业量完全相同，区别只在于效率。

我们还是回到案例中的主人公阿迪，看看如果阿迪出生在一个“正面管教型”家庭会有什么样的经历。

阿迪的妈妈其实已经焦虑不安——这和“过度控制型”家长完全没有两样。

她听取了教育专家的建议，没有草率行动，而是先进行了观察。

她坐在能够一眼看见阿迪的地方，看似做其他的事情，其实另有玄机。

这段时间很煎熬。两个小时后，阿迪的作业终于做完了。妈妈把他叫了过来。

“孩子，刚才你做作业的时候，我也做了一件事。”

“什么事？”阿迪好奇地问。

“我统计了一下，你做完作业一共花了两小时。在这两小时中间，你一共起来了21次，时间最长的一次5分钟，最短的一次也有5秒。”

“啊？那么多吗？”阿迪表示很惊异，这么高的数字是他没有想到的。

“也就是说，你做作业的时间表面上是两小时，但是，除掉起来的时间，就只剩下一个半小时了；因为经常起身，做作业的思路还会被打断，导致写作业效率低。如果你能坚持只起来活动4次，而且是运动、放松一下，我想一小时就能做完，剩下的一小时，就可以用来干自己想干的事。”

阿迪显然也有点心动。

“你觉得有哪些方式可以缩短自己做作业的时间呢？”

这时候，妈妈已经开始引导阿迪，准备进行“决策参与”了。

“还用问，如果我只起来活动4次的话，差不多可以节省半个小时。”

“还有其他措施吗？你能想到的？”

“吃饭的时候吃饱点，尽量别让自己肚子饿，饿了就会起来吃零食。还有，做作业之前上上厕所，这样就不会起来上厕所耽误时间了。”

“很好。这样吧，今天你做作业起来了21次，下次做作业，如果你

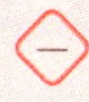

能把起来的次数控制到 15 次以内，就给你一个小奖励，怎么样？”

——妈妈这时候开始引导孩子设立目标。注意，目标是循序渐进的，一个做作业时“对椅子生无可恋”的孩子，不可能两个小时屁股都粘在椅子上。

还要注意讲科学，让孩子一直保持精神高度集中也是不可能的，最好和上课一个节奏，每隔半小时起来活动一下。

目标达成之后，可以让孩子把省下来的时间用作其他的娱乐活动——最好是体育类的，实在不行也可以看动画片，实在、实在不行了，再把“买玩具”作为奖励。

简·尼尔森说过这样一句话：“玩具被随便乱扔的问题，通常是由于父母买的玩具太多了。”

不过，还是记住那句话：事情在好转之前，往往会变得更糟。如果培养孩子一个好习惯需要21天，那么，第7天或者第8天往往是最艰难、最糟糕的阶段。

5 在子女教育方面，马上行动，不能拖延

马拉松最重要的是什么？是坚持？是训练？每个人都有每个人的答案。但最根本的，是三个字——开始跑！

不跑出第一步，谁都无法到达终点。

“开始跑”很简单，很多人却永远迈不出这一步，因为此时，他的眼睛被终点迷惑了——那可是在42公里之外！

盯着终点，有目标，这是好事；因为目标太远而不敢跑、不想跑，就成坏事了。

有一个词非常恰当地概括了这种状态：拖延症。距离既然那么远，过两天再说吧。

被誉为“成功学大师”的拿破仑·希尔，曾经分析过几百位百万富翁。他发现，这些成功人士有一个共同的特点：

习惯于果断决策，然后根据需要，再慢慢修改。

换句话说，他们绝不拖延，遇到问题，马上行动，在行动中修改计划。

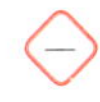

与之相反，很多失败者也有一个共同的特点：拖延，犹豫不决，朝令夕改。

不拖延，几乎是成功人士的共同点。

美国银行界大亨 J.P. 摩根，给他的下一代留下了很多信，后来结集为《摩根家书》出版；美国石油大亨洛克菲勒也经常把写信作为教育子女的重要方式，于是有了一本很有名的书，叫《洛克菲勒写给儿子的 38 封信》。

摩根和洛克菲勒在家书中不谋而合，都提到了拖延的问题。

摩根：
拖延并不会让事情变得容易执行

如果你认为这件事情合理，却因为不好意思而不敢及时执行，那么，就算拖得再久，也无法使这个任务变得容易执行！

家教专家谈

我一直认为，父母在孩子的教育中是不能缺席的。

对于孩子的教育，学校好比是白天，而家庭就是夜晚。

——赫伯特 · 斯宾塞

洛克菲勒：
拖延会让问题变得更棘手

工作越是不顺利，越要马上行动。假如遇到了工作难题就拖延，那么问题会变得更加棘手。这就像是射击，瞄准的时间越长，越不容易击中。

我们总是有一个不切实际的梦想：如果我睡一觉，拖一拖，眼前的那个难题可能就不存在了！

醒醒吧！

事实很清楚：

第一，难题不会因为拖延而变得简单；

第二，难题可能会因为拖延而变得更加棘手。

尤其是子女教育方面，很多问题，必须马上行动，不能拖延。

我并不赞成那些“10岁之前决定孩子一生”之类的说法，因为这容易给我们误导，认为孩子大了就“定型”了、没法改变了。这根本就是大错特错。别说孩子，即便成年人，集中精力进行某种大脑训练，大脑也会不可思议地在短时间内发生改变——这已经是科学家无

家教专家谈

研究显示，把一门新的技能坚持6年及以上的话，能够给情商留下持久的影响。

——特拉维斯 · 布拉德伯利

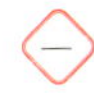

数次验证了的事实，大脑的潜力远超我们的想象。这一点，我后面还会提及。

虽然不赞成“× 岁之前决定孩子一生”，但我很赞赏这种紧迫感：早行动、不拖延，形成好习惯，善莫大焉。

打个比方：如果 A 男孩 9 岁时形成了某种良好的习惯（比如学会了管理时间），B 男孩 10 岁时才形成这种好习惯，几年之后，前者的收益可能会高出后者好几倍，虽然他们的习惯养成时间只相差了 1 年。

当然，这种差别，在更长的时间过去之后，会逐渐衰减，甚至消失不见。但如果 A 男孩在不断学习和积累好习惯，而 B 男孩却陷入了好习惯的“建立—积累—抛弃”的循环，那就是另一回事了。

毫无疑问，不断积累好习惯的人，将来成就会更大。

如何帮孩子克服“拖延症”？

你大概意识到了一个问题，并且反问我：“拜托，现在的问题，是我孩子有拖延症！虽然我也有点类似症状，但我儿子的比我厉害多了，他的拖延症让我几度崩溃！”

接下来就解答一下这个问题。不过，答案可能会让你失望——因为你的问题完全是错的！

第一个问题：即便孩子真的有拖延症，绝对不会与家长无关；想要治好孩子的“拖延症”，家长首先自己做到“不拖延”！

想让孩子改变拖延的习惯，家长必须严格守时，遇到问题马上办。

第二个问题：事实上，大多数孩子根本不存在“拖延症”这个问题（“拖延症”是父母强加给他们的标签），他们所谓的“拖延”，只是在优先干自己最喜欢干的事情而已！

你觉得孩子拖拖拉拉，不想回家吃饭，只是因为公园里的滑梯更能吸引他的兴趣。滑梯和吃饭，前者他更喜欢，所以成了他的“优先级”。

如果他饿了，吃饭自然会列入“优先级”。问题是，中国的家长习惯性地把这个“优先级”敲碎了，他们随时都会变魔法一样，从兜里掏出一点小零食，让孩子吃掉。孩子随时可以保持不饿的状态（且不论这

样对生长发育是否有利），吃饭的重要性自然就放在一边了。

这种情况，归根结底还是大人造成的：大人自己让孩子降低了吃饭的“优先级”，到了吃饭的时间，却又强迫孩子提升吃饭的“优先级”，对孩子而言，这就是一种“过度控制”。

无论做作业还是吃饭时的拖延，根本原因都是这件事情的“优先级”没有达到。在孩子眼中，作业远不如玩游戏好玩，那么毫无疑问，他会把玩游戏放在最优先的位置——这的确是一个问题，但不是“拖延症”。

叫不叫“拖延症”当然不是核心问题，问题是：怎样让孩子“面对难题、马上行动”？

美国钢铁大王卡内基在自传中讲过一个故事。

在美国西部，一位老人一生经受了各种磨难，邻居们都很同情他。不料，老人对邻居们说：“是的，我的朋友们，你们说得都对，我的一生烦恼不断。但有一件很奇怪的事情—— 90% 的忧虑都没有成为现实。”

90% 的忧虑并没有成为现实！这就是人生。

面对一个难题，你觉得极其困难，会有各种预料不到的风险，直到你迈出第一步，才发现 90% 的忧虑都是多余的。

所谓最大的风险，其实就是你敢不敢迈出第一步！

无论对家长还是孩子而言，克服拖延的办法只有一个：

放开那些忧虑，开始做！

6 和孩子一起改变——抓住当下，40 岁也不晚

为什么很多人喜欢“明天再说”？因为他们觉得，明天的自己比今天的自己更聪明、更有能力、更有效率。

同样，他们也会认为，自己的孩子一定比自己更聪明、更有能力，所以把自己完不成的目标交给下一代；当然更加认为，自己孩子的将来会比今天更聪明、更有能力。

是时候让心理学家给你泼一盆冷水了。

美国心理学家凯利·麦格尼格尔说过这么一段让人冒汗的话：

我们确实可以相信，未来的自己能做好所有的事情；但更典型的情况是，当我们到了未来，理想中“未来的自己”却不见了，最后做决定的还是毫无改变的曾经的自己。

理想中能力更强、效率更高也更聪明的“未来的自己”，其实是“毫无改变的曾经的自己”——确实很残酷，但心理学家爱说实话。

对你是如此，对孩子也是如此。如果你只是把希望寄托于未来、寄托于明天，而不是从当下开始，那明天的结果和今天不会有什么两样。

记住：不要指望“未来的自己”，要从当下开始改变；不要指望

“未来的孩子”，让孩子从当下开始改变！

很多家长有一种惯性思维，认为自己的性格、习惯已经“成型”，不可能改变了，所以把希望寄托到了孩子身上；矛盾的是，教育专家告诉你：家长不改变、不养成好习惯，孩子不可能养成好习惯。

这似乎是一个坑。

如果真是一个坑，也是你自己挖的。事实上，大脑经过锻炼，并非不可改变；大脑都可以改变，人的性格、脾气以及习惯，自然也可以改变——虽然有点难。

科学家做过很多实验，目的就是为了验证这种改变。

我们知道，如果一个人双目失明，他将不得不借助听力来探索世界，听觉会变得格外发达。

为什么盲人的听觉格外好呢？科学家发现，由于不断地锻炼听觉，刺激了大脑负责听觉的神经元（脑细胞），这一部分神经元就会变得格外强壮；而这种“强壮”，又反过来促进了盲人的听觉，导致他们的听觉越来越发达。

——貌似这还不是特别有说服力。别急。

哈佛大学神经学家曾经做过一个实验，实验目的是：一个正常的人，如果“双目失明”，他大脑中负责听觉的神经元，多长时间后做出改变呢？

他们找来志愿者——估计这是要费一番功夫的，因为条件很苛刻：志愿者要 24 小时戴着眼罩，确保自己完全看不见（和盲人一样的状态），在这种近乎失明的状态下生活一周。

然后，科学家利用先进的设备，了解戴眼罩之前和之后大脑各种控制区域的变化。

令科学家惊异的是：因为眼睛被蒙住，志愿者的活动不得不大量借助于听觉，居然迫使大脑在短时间内产生了转变，负责听觉的神经元活跃度明显增加，出现了较为明显的改变！

提醒一下：这种实验不要轻易模仿！长时间戴眼罩、模仿失明状态，会给大脑造成一种“真的失明”的错觉，从而切断营养供应，导致眼睛真的失明——而这，恰恰也是大脑“能够改变”的明证。

“人的大脑是可塑的。”

这并不是最新的研究成果，早在 1991 年，《科学》杂志就向世界宣告了这个“秘密”。科学家打了个比方：你的大脑并不是“金属刀叉”，那么坚硬、那么不可改变；它其实是“塑料刀叉”，虽然已经成型，但依然可以改变。

不过，这种改变，还是应了中国那句古话：万事开头难。

为什么呢？

这是由大脑的习性决定的。人的大脑，习惯于“逃避那些令你感到不快的行为”。比如说，对一个人说对不起，或者公开检讨，承认自己的短处……这都是让人感到不快的行为，大脑会天然地“选择逃避”。

当你意识到这并不正确，而应该主动面对这些“不快”的时候，对大脑的第一次锻炼就开始了。

换句话说，大脑的改变，是通过锻炼实现的，而不是天然实现的。

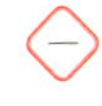

举个例子：你一直是一个心高气傲的人，从不低头，从来不向人道歉。你知道这是性格的一大弱点，想要做出改变。于是，你尝试对孩子说："对不起，妈妈错了。"

当你说出第一次的时候，大脑的训练就开始了。

如果第一次训练很不成功，比如，你对女儿说"对不起"，得到的不是她的原谅，而是指责你"毫无诚意""言不由衷"。没有关系，这都是正常的，谁也不可能第一次就成功。重要的是，你说出来了。

甚至，对着镜子练习，也算。

你可以每天对着镜子里的自己说："你为什么这么心高气傲、连个'对不起'都说不出呢？"然后，再模拟一下，面对镜子，向"女儿"道歉。

这种练习，对大脑来说，属于全新的领域，大脑会建立越来越多的神经元连接，来加强这些行为。慢慢地，道歉就变得越来越容易了。

下一次，当你感到自己做得不对的时候，"对不起"就会脱口而出，丝毫没有什么障碍，和原先顾虑"家长权威"的心态完全不同。

简单概括一下就是：

当你下决心去改变某种不良行为的时候，对大脑也是个挑战。

"不良行为"的改变，会伴随各种"不快"，而大脑是会天然选择回避掉这些"不快"的。

通过多次的训练，大脑可以逐步克服这些"不快"，在此之前，如果停止了训练，一切就会前功尽弃。

新的神经元连接建立起来（也就是负责"好的行为"的脑细胞强大了）之后，大脑会越来越加强这些"好的行为"，形成常态和习惯。

怎么样？是不是越听越糊涂了？

好吧，不说了，原理很复杂，但科学家很认真，记住结论就够了：大脑是可塑的，不分年龄大小，即便你已经40岁、50岁。

接下来的问题是：如果我改变了，孩子会跟着改变吗？

答案是：会！

家教专家谈

前面提到的儿童、青少年和家庭教育专家杰弗里·伯恩斯坦博士，曾经提出17个有效减少家长压力的方法。当你想要改变自己，却感到有些无能为力、难以坚持的时候，可以参考一下。

1. 深呼吸让头脑清醒；
2. 带着感激去养育孩子；
3. 给自己积极的能量；
4. 问自己："最坏又能发生什么呢？"
5. 做好准备：头一天晚上就为第二天的问题做好准备，做到今日事今日毕；
6. 写下来：把琐碎的事情记在记事本上，完成一个勾掉一个；
7. 锻炼身体：最有效的减压方式之一；
8. 完成任务之后给自己一个小小的奖赏；
9. 你"真的需要"吗？除了人身安全和其他基本生活需要之外，大部分"我们需要孩子听话"的事情，都不那么重要；
10. 灵活应变，拥抱变化，接受不同的结果；
11. 保持充足的睡眠；
12. 记日记；
13. 说出来；
14. 少说话也很好；
15. 帮助别人；
16. 暂停时间：在朝孩子发飙之前，躲进房间冷静一下；
17. 逃离一成不变的生活。

把"控制孩子"改变成"理解孩子"

虽然伯恩斯坦是个心理学博士，但最初，他也是一个毫无经验的爸爸。

刚当上爸爸的时候，他是一个典型的"过度控制型"家长，严厉甚至专横地"管教"孩子，把孩子管得死死的。

幸好他是学心理学的，在孩子出现了憎恨和抗拒的苗头之后，他幡然醒悟，发现自己的管教方式是错误的。

于是，就像我们前面说过的，他开始"训练"自己的大脑，走出已经习惯了的舒适区。

至于怎么训练的，伯恩斯坦博士没有说，可能觉得不太重要，也可能觉得不好意思——毕竟一个心理学博士还要经过训练才能改变自己的心理和性格，有点让人尴尬。

其实确实也没有什么好说的——无非就是多训练几次。

比如，在想要强迫孩子起床的时候，把冲动压制下来，心里默念着："或许真的有点早。"

比如，在孩子把玩具弄得一团糟的时候，尝试着去理解他："他可能只是想把玩具拆了研究一下。"

——这种对负面情绪的压制，事实上是走出自己习惯了的"大脑舒适区”，必须要多次训练，才能让大脑慢慢适应并习惯。

不管怎样，他迅速调整状态，开始从“控制”转向“理解”。

他的这种转变，孩子也出现了“令人感叹”的变化：“只要你学会保持清醒的头脑，给予孩子支持和有建设性的意见，他（孩子）也会在情感上变得强大和健康。”

通过上面的介绍以及实例，我们不难做出这样的结论：

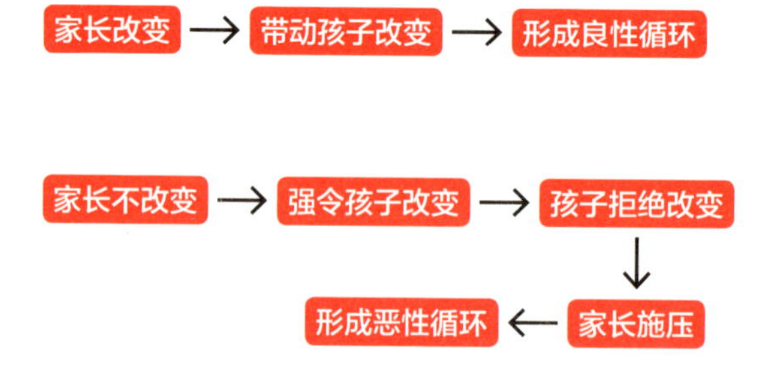

家长要相信自己可以改变，并且下决心改变，而不是一味强求孩子去改变，我们的家庭环境、家教氛围，才会真的改变、真的好转。

什么是友善

播种友善　友善是成功的关键

你身边大概也有这样的人：他对周围的人很不友善，充满敌意，但他又经常会向朋友们抱怨，说周围的人对自己很不友善，充满了敌意。

换句话说，他因为自己的不友善，导致周围的人都对他带有敌意；他看到了周围人的敌意，却没有意识到这是因为自己的不友善造成的。

很多时候，你不快乐，是因为你没有学会给予别人快乐；别人不友善，是因为你自己没有学会友善。

耶鲁大学教授威廉·李昂·菲尔普有一次在一个闷热的餐车内排队就餐，餐车“犹如一个疯人院”，人人都充满了敌意和不满，服务员更是视顾客如仇敌。轮到威廉教授点餐时，他友善地说了一句：“那些在后面闷热厨房里做饭的人，今天一定很辛苦。”

服务员几乎要跳起来：“我在这里工作了19年，也遭受了19年顾客的指责，你是第一个对我们表示同情的人！”

就连著名的成功学大师戴尔·卡耐基也曾向威廉教授请教：你为什么人缘这么好呢？

——其实这就是答案。当你对他人充满善意的时候，他人就会对你充满善意。

诚如前一章我们介绍过的，即便现在你已经为人父母，你的大脑依然可以改变；但如果从孩提时代，你就让自己的大脑建立了“对人友善”的思维意识，那现在的你，成就或许更大，日子也更美好。

同样，如果让孩子从小建立“友善意识”，那么他的未来，无疑会比天然形成的“敌对意识”要美好得多。

1 你快乐，孩子才快乐

天下的家长都希望自己的孩子健康快乐地长大，可是，这个看似简单的愿望，有那么容易吗？

答案放在一边，先讲一个故事。

这个故事听上去有点不可思议，它带有很大的偶然性。戴尔·卡耐基在引述这个故事时，称女主角——孟恩夫人因此在两周之内就治好了抑郁症，可能有点夸大。或许孟恩夫人只是心情低落，有些抑郁、焦虑，算不上真正的抑郁症。当然也可能故事只是一个缘起，让她忽然发现了治疗自己抑郁的方法。

孟恩夫人的处境，和我刚才提到过的“不友善的人会感觉周围处处充满敌意”是一样的。因为心情不好，经常抑郁，她因此离了婚——这导致她更加抑郁，更加不合群。

离婚后不久，就是圣诞节。她拒绝了所有朋友的邀请，不仅仅是因为自己即便参加宴会也不会感觉到快乐，更重要的是她说的这句话：“我知道，不管我在哪个宴会上，我都会变成一个令人讨厌的人……”

那个圣诞节，刚离了婚，又拒绝了所有朋友的邀请，再加上抑郁症让她不堪忍受，于是在圣诞节的头一天下午，她走出办公室，毫无目的地在城市里游荡。

从下午3点，一直到了晚上，疲惫不堪的她看到一座教堂，便走了进去。不久，她在教堂的长椅上昏昏沉沉地睡了过去。

醒来的时候，时间已经快半夜了。她被吓了一跳，一是因为睡迷糊了，一时不知自己身在何处；二是自己面前居然有两个小孩。

其中一个小女孩指着她，说道："是不是圣诞老人把她送过来的？"

孟恩夫人忽然醒来，也把两个小孩吓了一跳，怔怔地不敢说话。孟恩夫人连忙告诉他们，自己不是坏人，不会伤害他们的。

"你们的父母呢？"她问。

两个小孩说，他们是孤儿，没有爸爸，也没有妈妈。

孤儿！在这个凄冷的圣诞节，孟恩夫人一下子找到了比自己更可怜的人。她带着两个小孩去了一家餐厅，让他们好好吃了一顿，还专门给他俩买了糖果和圣诞节礼物。

她并没有想到，在这个过程中最快乐的，不是两个忽然感受到了母爱的孩子，而是她自己——一个十分抑郁、被周围人讨厌的人。

她找到了治疗抑郁的最佳手段，那就是——给别人快乐！

把快乐带给别人，那么，自己的孤独、寂寞、不满、敌意都奇迹般地消失了。

——这已经成为心理学家治疗抑郁症的一种有效手段。心理学家阿尔弗雷德·安德尔经常宣称，用自己的方法，两周之内就可以治好抑郁症，办法很简单：

每天想着如何让别人快乐。

前提是，你要真的这么去做，真的带给别人快乐，而不只是“想想”。

当然，正如我们前面说过的，大脑的神经元在脱离“舒适区”的时候，会有意回避掉让你不快的行为。你从前一直是个苦瓜脸，永远皱着眉头，忽然逼迫你学会“讨好”（如果你觉得是“讨好”的话）别人，大脑会感到“不快”，并有意回避——所以第一次“讨好”别人一定是极其困难的，大脑需要多次这样的训练，才能习以为常。

在这种情况下，多这么“想想”也是好的；“想着讨好别人”也会形成一种心理暗示，有助于你迈出第一步。但这一步你早晚是要迈开的，否则想得再多也没用。

第一步难迈，多走几步就好了；走得越多，大脑中相关区域的密度就会变大，相关的神经元会更强悍——那时候你“带给别人快乐”的行为就不是一种被迫的行为，而是无意识、自然的举动了。

想想看，从一个“到处都被讨厌的人”，成为一个“到处都被人喜欢的人”，会是何种天翻地覆的变化！

好吧，我是不承认我会跑题的——虽然这明明是一本“如何教育

家教专家谈

我曾鼓励过成千上万名商界人士，告诉他们，一天中每个小时都要对身边每一个人微笑，微笑可以解决问题，这是一个真理。

——戴尔·卡耐基

孩子的书”，可我却屡次三番、絮絮叨叨地教育家长。

因为任何人都无法否定一个千真万确的事实：

教育孩子的关键，在于教育家长。

家长快乐，孩子才快乐。

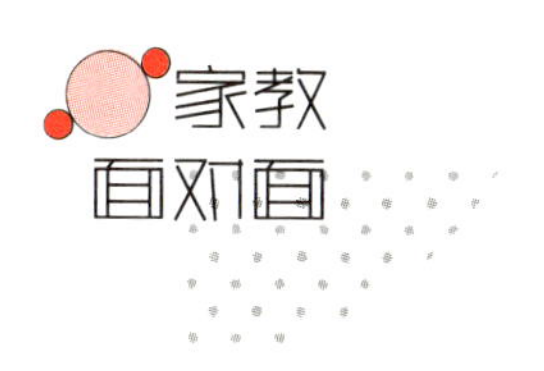

教育就像照镜子，家长什么样，孩子就发展成什么样

一个情商很低的爸爸在开车，孩子坐在后座。一不小心，和别人发生了剐蹭。爸爸气急败坏，不管三七二十一，下车就和别人争吵。

这就在孩子的大脑中形成了一种“镜像”。当他和别的孩子产生冲突的时候，一定也会气急败坏地和别人争吵。

有一次，我开车的时候走神，不小心追尾了（还好，连刮痕都没有）。我知道是自己的责任，连忙下车，向对方赔着笑脸，表示道歉；双方客客气气，不到 5 分钟解决了问题，一点都没耽误孩子学琴。

这件事让我很欢喜，因为我情商一直很低的，所以十分担心忽然出现的这种令人始料未及、在计划之外的小事件，它们很容易影响我的心情，导致我“气急败坏”。我一气急败坏，对方就会对我有敌意，事情就会更麻烦。

孩子发现了追尾，一开始也有点吃惊，而且着急——因为担心学琴会迟到。没想到的是，两个大人在处理过程中很平静、很客气，迅速解决了问题。我们卡着点到了学琴的地点，但并没有迟到——这就给孩子产生了两种“镜像”：

第一，生活中出现一些小意外、小摩擦，是正常的，关键在于“迅速解决问题”，而不是互相指责、辩论。

第二，即便因为小意外导致过程不顺利，但经过补救，依然可以及时到达终点，小意外并不意味着一定迟到（当然，如果不能妥善、及时地处理，让小意外变成大意外，就不同了）。

还是那个原理：镜像神经元的作用。生活就像照镜子，你怎样对别人，别人就怎样对你；教育也像照镜子，家长什么样，孩子就会发展成什么样子。

换句话说，不仅情绪会传染，教育也会“传染”。而最好的教育，就是无形之中，把父母最好的习惯“传染”给孩子。

2 把孩子成长中的问题解决在“苗头”阶段

人性是复杂的，我们说“人之初，性本善”，但即便是“性善”的人性，也不会一直“善”下去，会有“恶的波动”。

我一位朋友和孩子之间的故事，就令人印象深刻。

这位朋友彬彬有礼，待人接物很有礼貌，如果在西方，身上一定会佩戴一枚“绅士”勋章的。

我们讲过，“镜像神经元”就好比大脑中的镜子，它把看到的事物“翻译”给大脑，让你在看到别人挨刀的时候，仿佛自己也有痛感，这会形成一种情绪上的“传染”，让人不自觉地模仿“镜子里的事物”。

他在家里也是这种状态，形成了良好的“镜中图像”，他的儿子耳濡目染，也变得彬彬有礼，成了小绅士。

如果事情一直这么顺利，那这本书到这里就该结束了。事实并非如此，因为孩子在受到“好镜像（比如这位爸爸）”影响的同时，还会受到“坏镜像”的影响——比如班级里出现的一些吵闹、打架、意气用事、不讲礼貌的行为。

孩子的教育，事实上是一场拉锯战。你好不容易创造了“优良的镜像”让他前进了100步，不良的环境（孩子毕竟不可能只在温室里活着）又把他往后拖了50步甚至80步，你只好强打起精神，再一步步地把孩子往前拽。

当这种“拉锯战”进行到一定阶段，孩子先是产生怀疑——

爸爸的这种“高素质”是真的，还是装出来的？他是只在我面前如此，还是对所有人都如此？

爸爸的“涵养”是不是一种伪装？如果不是，为什么社会上、班级里那么多人，都显得很没涵养？

为什么我跟爸爸一样“有涵养”，却受到欺负？为什么没有涵养的同学好像在班里更吃得开？

这样的怀疑，在你教育孩子的过程中，孩子是一定会去想的。但一般情况下，他想不通。想不通的结果，就是试探——对规则的试探。

于是，朋友的孩子有一个阶段忽然变得不怎么绅士了，言语也不再彬彬有礼。

朋友认为这是叛逆期的问题，没有在意，也没有及时和孩子交流，只是努力克制着自己的情绪。

在一个周末，孩子忽然一反常态（平时的周末他都会早起，和爸爸一起运动、游戏），连续两天，都是接近中午才起床。

头一天爸爸没有在意，觉得孩子可能有点累，情绪最近又不太稳，需要放松一下，没管他；第二天，爸爸终于忍不住，狠狠地说了他一通。虽然他还是克制着自己，但父子之间的矛盾，还是爆发了。

儿子生气地说：“你虚伪！你原来的样子，都是装的！”

这句话吓了朋友一跳，他努力克制住自己，及时收手——按下了暂停键，决定暂时离开儿子卧室这个“是非之地”，等自己冷静下来再说。

——和孩子爆发冲突时，这是很值得其他家长借鉴的一点。他知道，在不冷静的状态下，自己的行为、话语，只会让事情变得更糟。

几天之后，他派儿子的妈妈做“卧底”，知道了孩子出现这种状态波动的根本原因：其他个别同学的不良行为，对他的“镜像神经元”起了作用，儿子于是开始不由自主地模仿，并开始试探性地挑战已经立好的规则。

老实讲，这并不是坏事。发现事情的苗头，总比规则被摧毁之后再补救要容易得多。

作为家长，一定要记住：允许孩子生气，甚至愤怒。这都是正常情绪的表达。

孩子愤怒、发火，不可怕；可怕的是，他愤怒了，你却找不到背后的原因。

另一个需要关注的地方是：一定要把问题解决在“苗头”阶段。

即便爸爸妈妈再绅士、再有教养，他们的家庭中，也不可避免

家教专家谈

情绪永远不会处在中立状态。在任何互动沟通中，情绪只要一产生，对对方的影响要么正面，要么负面。因此，当你真心在乎对方的时候，请务必表达出来。

——特拉维斯·布拉德伯利

地会出现冲突。如果有教养就不会有冲突，那古代很多崇尚“贵族精神”的国家之间，就不会有战争了。事实上，即便两个最完美、最高贵的民族放在一起，也会出现冲突。

面对这种情况，一定要在事情演变为冲突之前，把相关的问题解决掉，尤其是不能一味地回避苗头性的小问题。小问题的积攒，就会变成大问题；苗头性的问题不解决，就会变成趋势性的问题。

孩子愤怒的时候，家长怎么办？

就如前面那个例子，即便一向彬彬有礼的“绅士”朋友，在和孩子的交流过程中也会发生冲突。

问题是：怎么办？

简·尼尔森列出了“化冲突为合作”的四个步骤，听上去很有道理的样子——

- 第一步：理解孩子的感受
- 第二步：表达对孩子的同情（但不是宽恕——如果孩子犯了错误）
- 第三步：告诉孩子你的感受（但不是诉苦）
- 第四步：让孩子专注于“解决问题”

我按这四个步骤试了试，很管用的。当然，在你看来，这“四步法”只是一个枯燥的概念，没有实例，难以感同身受。

于是我们还是通过案例来解决。

女儿从学校一回家，就“气冲斗牛”。显然，她在学校遇到了不开心的事情。

妈妈一问，孩子就“炸了毛”：“老师在全班面前吼我，我再也不愿意去上学了！”

孩子的情绪一下子把妈妈的情绪引爆了：“老师还能无缘无故吼你？肯定是你又闯祸了！”

母女之间眼看就要爆发一场争吵，好在妈妈及时把情绪稳了下来，她想到了尼尔森博士的“四步法”，决定试一试。

第一步，先理解孩子的感受。

“亲爱的女儿，老师当着全班同学的面吼你，你肯定觉得很丢脸，对不对？”

当然了，面子上很过不去。不过，老妈的脸，怎么跟猴子脸似的，说变就变？刚才还一脸怒气，现在忽然变得和善了。

女儿用表情表达了她的满腹狐疑，点了点头。妈妈说到她心坎里了，被老师当面吼毕竟是一件不太光彩的事情。

“其实这也没什么，我上小学的时候，有一次考试考得很糟糕，也被老师当面羞辱，当时我可难过了。”妈妈说。

这一步叫“感同身受”，既表达了自己对孩子的同情，也表达了自己的感受，等于是把尼尔森博士的第二步和第三步合二为一了。

尼尔森博士的第二步、第三步，事实上也可以合在一起，毕竟“表达同情”和“表达感受”有些时候是雷同的。但如果你的感受不是同情，而是其他情绪（比如“被女儿误解了我很难过”等），这两步就很有分开的必要了。

最后一步，就是引导孩子，把目光聚焦于解决问题，而不是发泄情绪。

“好吧，来说说，当时发生了什么？”

“我只不过在课堂上和同桌说了句话。”

“哦？那你为什么要和他说话呢？”

“我铅笔断了，想借他的用用。”

——这是“分析问题”。接下来，引导孩子去“解决问题”——一定要启发式引导，不要越俎代庖、直接说答案。

“原来是这样。事情过去就过去了，被老师吼两句也没什么。你觉得老师不该为这么点小事就吼你，也是对的。咱们不要再纠缠于这点小事了，来想想办法吧！你看看有什么办法，能避免这种事情发生呢？”

“其实我可以准备两支铅笔，一支断了，还有另一支。”

“很好，这样就把问题从源头上解决了。再想想看，还有别的办法可以避免在上课的时候和同桌说话吗？”

“如果我的铅笔还能勉强用，或者上课的时候不需要写字，那我可以等到下课再和他说话。”

——这是孩子自己在建立规则。记住，孩子遵守自己建立的规则，要比遵守大人强加给自己的规则，更加有效、更加严格。

每一对父母都深爱着自己的孩子，但当冲突发生、开始争吵的时候，事情发生了变化。

这个时候，父母的爱被深深地隐藏了起来，孩子看到的，是愤怒、怨恨和咒骂；他所理解到的，就是他所看到的。不要在愤怒的时候说：

“我很爱你，你却是这个样子！”

即便你内心再爱，愤怒的时候，表现出来的也是怨恨。别说孩子，即便成年人，也无法从这种怨恨中看到爱。

爱只有在你冷静下来的时候，才真正存在。

西方有这样一句谚语：

愤怒的人张开了嘴巴，却闭上了眼睛。

一个人破口大骂的时候，眼睛甚至会闭上。这个时候，他的世界里只有咒骂和愤怒，而无法冷静下来，睁眼看看世界。

一个人在咒骂、愤怒的时候，如果录下像来，看了之后，他也会很震惊：想不到我愤怒的时候，竟然是这个样子！

愤怒的时候，人无法看清自己，更难以控制自己。

3 经常说“谢谢”的孩子，更容易成功

J.P. 摩根在写给孩子的家书中说：

说“谢谢”越频繁的人，越容易成功。

这话是有道理的。洛克菲勒写给孩子的信中也有类似的话。日本企业家稻盛和夫甚至这么说：

活着，就要感谢。

为什么这些杰出的成功人士如此重视“谢谢”二字？其中的原理一句半句解释不清楚，但有一点你可以首先相信，那就是：

经常说“谢谢”的孩子，更容易成功。

如果你想进一步了解其中的原理——也就是“经常说谢谢”和“成功”之间的关系，我们不妨先来听个故事。

曾经被提名为诺贝尔奖候选人的赫伯特·斯宾塞博士，把这个故

事讲给了他的儿子听。你当然也可以。

圣诞节到了，父亲毫无疑问，要给两个儿子准备礼物。这两个儿子虽然一起长大，但个性很是不同。

这一回，当爹的决定玩个小伎俩，考验考验两个儿子。

一觉醒来，哥哥和弟弟看着满满当当的圣诞树，都高兴极了。

父亲做了两棵圣诞树，上面挂着不同的礼物。哥哥的圣诞树上，有一辆崭新的自行车（天知道老爹是怎么挂上去的），还有一把气枪、一个足球——都是男孩们特别喜欢的。

哥哥把属于自己的礼物一一取了下来，看上去却不怎么高兴，忧心忡忡。

老爹看出了问题："怎么，礼物不喜欢吗？"

"我不是不喜欢，"哥哥嘟囔着，"可是……气枪虽然好玩，万一打碎了邻居家的玻璃怎么办？会引来一顿责骂的。自行车我很喜欢，可是万一摔倒了怎么办？一定鼻青脸肿，弄不好还要去医院。足球我最喜欢了，可因为喜欢，我就会整天踢；整天踢，用不了多久它就被我踢爆了……"

父亲摇摇头，开始观察小儿子。

弟弟的圣诞树上，虽然也花花绿绿，礼物却不多，只有一个纸袋。

弟弟好奇地把纸袋打开，一股奇怪的味道弥漫开来——天哪，里面居然是马粪！

哥哥差点吐了。父亲耸耸肩。

弟弟却欢喜地笑了起来，一边笑，一边东看看、西看看。

哥哥说：“一袋马粪！是爸爸在恶作剧吧？你怎么还那么高兴？”

弟弟说：“我的圣诞礼物是一袋马粪，这说明肯定会有一匹小马驹藏在咱们家里！爸爸是想给我一个惊喜！”

果然，他在后院发现了自己期待已久的小马驹，乐得跳了起来。

这个故事，叫“乐观弟”和“悲观哥”的故事，很简单，道理也很浅显。问题是，想要像弟弟这样乐观，却不是一般人能做到的。

毕竟那是一袋马粪！很多人的第一感觉，是自己受到侮辱，毫不犹豫地反击和报复。

没有人会和“乐观弟”一样，当侮辱到来的时候，看到的是自己背后的收益和成长。

“乐观弟”虽然小，却是个智者。孩子也不可能马上领悟这个故事的真谛，可以让他把故事留着，长大后，再看一遍。

这种心态，叫乐观心态、积极思维。经常说“谢谢”的人更容易成功，奥秘就在这种心态。

不管你是否在真心感谢，只要你习惯了感谢、感恩，看问题的角度就会不同。

比如“乐观弟”，他收到的礼物是一袋马粪。在正常人看来，把

家教专家谈

你的善行多半是不显著的，重要的是，你做了。

——甘地

马粪送给别人，几乎就是侮辱。但他的心态，并非如此。

他是抱着一种感谢、感恩的态度，去理解的——

他是我的父亲，给予我生命的人，怎么可能侮辱我呢？

爸爸说要送给我礼物，就一定给我礼物，马粪显然不是礼物，而是一个线索。

既然是线索，那我就要想想：马粪代表什么呢？

马驹！

在这种积极思维、感恩心理的引导下，他终于发现了马粪背后的价值。

前面讲过耶鲁大学教授菲尔普在餐车中就餐的例子，也是如此。菲尔普教授就好比“乐观弟”，其他光知道埋怨服务员的顾客，就好比“悲观哥”：服务员是为我服务的，干吗要敌视我呢？

在他的积极情绪的感染下，服务员的情绪也发生了变化，变得有点乐观了：

顾客明明是给我“送钱（营业收入）”的，他们干吗要用“马粪”来侮辱我呢？

你瞧瞧，一旦拥有了“乐观弟”的思维模式，世界将变得多么美好！

家教专家谈

自寻烦恼地想比你同时代的人或是先辈们出色？试着比你自己更出色吧。

——威廉 · 福克纳

洛克菲勒、摩根、稻盛和夫等成功人士，之所以认为“多说谢谢有助于成功”，其逻辑也在这里：“谢谢”或者“微笑”只是一个表象，它本质上代表了一种积极思维、感恩心理，真正对成功起作用的，其实就是积极思维和感恩心理。

那么，是不是只要多说“谢谢”、多微笑就够了呢？生硬的“谢谢”算吗？皮笑肉不笑算吗？

按照“镜像神经元”的模仿原理，通过心理暗示，这种生硬的感谢、微笑，未必没有效果。问题是，你一旦形成了一种思维，潜意识里认为感谢和微笑都是为了应付、都是虚假的，那就完蛋了，心理暗示的效果也会被完全击碎。

服务业的很多精英都明白这个道理，所以服务业是最重视“微笑服务”的。为什么有的服务员通过“练习微笑”，能让自己心情真的快乐起来，从而跻身成功人士，而有的人就不行？就算他的笑容再好看，谢谢说得再多，也还是一事无成呢？

原因只有一个，潜意识里，他已经认定自己的笑和感谢都是假的。

美国有一位推销人寿保险的顶尖高手，年收入超百万美元。他为什么如此成功？

同行把他当成偶像，研究他，并得出了答案：

他拥有一张令顾客无法抗拒的笑脸。

有些人的笑脸，的确有种令人无法抗拒的力量，比如婴儿。

接下来的问题是：为什么他有，别人就没有？

他会笑，别人也会笑；他可以“练习微笑”，很多行业也有专家教大家如何练习微笑，为什么就不如他呢？

最终，还是他本人说出了这个秘密：

一开始他的微笑也很僵硬，上司要求他练习时，他的表现很差。后来经过努力，他终于悟出：最美的微笑，是内心如婴儿一般，天真无邪、发自内心的微笑。

当他感觉自己内心如婴儿般纯净、真诚时，“令人无法抗拒的笑脸”就练成了。

最后，只剩下一个问题了：我真诚地微笑，对方依然高傲，热脸贴了冷屁股，怎么办？

美国第34任总统艾森豪威尔的做法，可供借鉴。

戴尔·卡耐基曾经访问过艾森豪威尔的儿子约翰：“你的父亲会不会一直怀恨别人呢？”

约翰回答说：“不会，我爸爸从来不会浪费时间去想那些不喜欢的人——哪怕只有一分钟。”

除了不得不面对的，对那些“别人施之以微笑，他却报之以高傲”的人，只有四个字：敬而远之。

先让孩子学会对家长感恩、对家人微笑

中国家庭和西方的一大差别是，很少对着自己的亲人说出“谢谢”，甚至连微笑都匮乏得很。

总有人抱怨：在单位到处赔笑脸，赔了整整一天了，脸都紧绷绷的了，回家放松一下还不行？

这说明两点：

第一，你在单位的微笑，是不真诚的，并非发自内心，这无助于你的成功；

第二，回到家中，坦然而真诚地面带微笑，才是真的放松。

必须教会孩子微笑，让孩子学会感谢——尤其是对父母微笑、向父母感谢。

前提往往是——爸爸妈妈要学会向爷爷奶奶微笑和感谢。

很久之前，我去拜访一个朋友，无意中在小区里看到这样一幕：

一位老奶奶不小心被石块绊了个趔趄，倒在地上。一男子赶忙跑过来，将他扶了起来，好在问题不大。听他们一谈，是母子。

男子的儿子正在草坪踢球，面对着奶奶，清清楚楚地看到了奶奶摔跤。爸爸去搀扶奶奶的时候，他无动于衷，甚至笑了起来。

然而他还是走了过来，边笑边说：“奶奶摔跤的样子，滑稽死了！”

爸爸挥手做了一个要揍他的姿势，狠狠地瞪了儿子一眼。

这种场景或许并不多见，但“亲人间的疏离”却屡见不鲜。

很多孩子，面对过马路的老人会伸出援手；自己的奶奶摔倒了，却满是讥讽。对外人他可以发出善意的微笑，对自己的家人，却满脸不屑。

为什么会这样？

问题，出在教育身上，出在家长身上。

奶奶摔倒了，孙子去扶她，她会说：“不用，不用，这儿有积水，你别过来！”她不是客气客气，是真的不想让孙子过来，在她眼中，孙子的衣服脏了比自己是否骨折都重要。

本来平等分配的水果，爷爷奶奶一定会把自己那份让给孙子，这是爱吗？这的确是爱，但久而久之，是孙子对你的疏离——他觉得你并不重要，他觉得你的付出是应该的，进而，他不觉得你这是爱，而是你应负的责任。

这不是正常的家庭状态，它表面充满了爱，本质上却最缺爱；即便有爱，也只是单向流动的。单向流动的爱，会是持久的爱吗？还能算爱吗？

想让家庭有爱，先从让孩子学会对家长感恩、学会对家人微笑开始吧！

4 友善不是空头支票，只是时候未到

女儿上小学的时候，学校的校训是“日行一善，发愤图强”，“日行一善”是具体的、实的，“发愤图强”是概念化的、虚的。相比其他学校空洞的、口号化的校训，已经算是不错的了。

我还是觉得不够具体，结合这个，给孩子确定了一条“家训”：

日行一善，每日一练。

这么大的孩子，如果给她一个“守则”，越具体越好——与其告诉她“热爱祖国、热爱人民”，不如告诉她“见了邻居要微笑，对爷爷奶奶要客气”。日本有个学校的校训是“坚持做好每一件小事”，它的指导意义要比“勤奋刻苦、发愤图强”强得多。

“日行一善”操作起来，就比较具体，比如把别人丢掉的矿泉水瓶捡起来，帮同学处理一个小难题，等等。但这还不够，我对女儿说：

每天给他人一个微笑、一句赞美、一声感谢，都算“日行一善”。

有了这个观念，“日行一善”就不难做到了，孩子也不会望而

生畏。

“每日一练”则是要求孩子每天能根据自己的短处，进行一个小练习。如果人际关系拓展不开，就练习“对别人微笑”；如果作文不好，就每天写一段小文字；如果口才不好，就每天对着镜子“演讲”3 分钟，等等。

前面说过，规则的制定，应当也让孩子参与“决策过程”，和孩子一块来决定。因为这个规则的制定她并没有参与，属于我单方面制定的，所以只是供她参考，并不作为硬性要求。万一以后她忽然懂了呢？那时候她就会很自觉、主动地施行了。

为什么要让孩子“日行一善”，行善真的有好处吗？

中国有一本书，叫《了凡四训》。了凡，就是袁了凡，明朝人。他曾经做过县令，政绩为人称道；还曾在兵部（明朝军事主管机构）当过大官，在抗击倭寇的斗争中做出了贡献。

他享年 74 岁，一生虽说不上辉煌，至少也算“成功人士”了。

家教专家谈

坚持读一些有益的书，激励自己。

每天想要抱怨时，回忆美好的事。

每天上班的时候，向同事说声早安。

对与你同坐电梯的人微笑。

每天给爱人、孩子一个吻或拥抱。

每个星期与你的伴侣认真沟通一次。

定期回父母家或者给他们打电话。

——张剑萍

事实上，在他年轻的时候，一度十分颓废。为什么呢？因为他碰到一位算命先生。

算命先生给他算命，说他将来能当个芝麻官，可惜啊，只能活到 53 岁，连死在什么时辰都给他算好了；更严重的问题是，他不会有儿子（古人重男轻女）。

难道是银子没给够？算命先生的话，实在太伤人了。袁了凡仿佛看到了生命的尽头。有一年他到了南京，在一座寺庙里，碰到了云谷禅师。

禅师说："命由我做，福自己求，你怎么能信算命先生的呢？既然你觉得活着没劲，就做好事吧。把好事一件一件记录下来，写在本子上。做了好事，记一件；做了错事，也要记上。这个本子，名叫《功过格》。"

为什么说东方和西方在很多领域是相通的呢？看到《了凡四训》这段记录，我一下想起了西方心理学家阿德勒的一句话。当年，他很大胆地宣称，不管多么严重的抑郁症，他都能在两个星期之内将其治愈。很多人不信，问他："你用什么办法呢？"

阿德勒说："让患者坚持每天替别人做件好事。"

云谷禅师其实就是个心理医生，而此时的袁了凡，因为受到算命先生的误导、刺激，大概已经有很严重的抑郁症了。云谷禅师和他

家教专家谈

行善并非责任，它是一种权利，可以让我们拥有健康和快乐。

——札拉斯特

谈了整整三天三夜，相当于给他进行“谈话治疗”，对他进行情绪引导，帮袁了凡把郁闷之气排解出来；让袁了凡记《功过格》，就是给他开“药方”：坚持替别人做好事。

这和阿德勒的思路完全一致！

袁了凡很认真地照着做了。他书里说到自己“发愿”，比如想生个儿子，决心做5000件善事，结果真的有了儿子——这些说法，带有迷信色彩，纯属偶然；但“行善”让他精神为之一振，人际关系由此好转，完全摆脱了抑郁，事业也由此走上了辉煌，则是可以肯定的。

做善事、付出爱，带来内心的踏实感和人际关系的变化，是语言无法形容的。有的时候，真的只是举手之劳，就会让这一天变得美好。

我们无法要求别人，但可以遵从自己内心的声音：不求回报的举手之劳，让世界更美好。当然，善举的意义无须夸大，正如圣雄甘地所说的：“你的善行多半是不显著的，重要的是，你做了。”

很多善行，不会给你带来回报——我们也不能以“求回报”为目的来行善。

但这并不意味着善行就没有回报，很多时候，这种回报要么是“时候未到”，要么它是一种潜在的、隐性的回报，已经让你的生活更加阳光、更加美好，只是你没有察觉而已。

我让孩子学会爱别人、学会行小善，可他总是听不进去，怎么办？

这是每个家长都会面临的问题。

解决这个问题，分两个层面进行：

第一，反思一下自己，有没有娇惯、溺爱孩子。教育心理学家的研究表明，一个被骄纵的孩子，是学不会去“爱世界”的；相反，他们很容易被世界孤立。

第二，如果没有溺爱和骄纵，你的方法对头吗？

每个孩子的发展，都由两种因素决定：遗传和环境。一个在溺爱环境中长大的孩子，心态会产生何种变化呢？

心理学大师阿尔弗雷德·阿德勒认为，如果一个孩子被过于溺爱而变得骄纵，他会努力让自己成为每一个场合的焦点人物，显示出“以自我为中心”的倾向；即便离开了家庭、到了外边，他也会认为自己“有权被大家所纵容”。慢慢地，他成了一个“只会接受而不去付出”的人。

然而，“所有人都会纵容我”只是他的幻觉，幻觉一定会破灭。幻觉破灭的时候，他的优越感便荡然无存，开始不停地责备别人，逐步养成“只看到别人敌意的一面”——这样一种消极、悲观的思维方式。

仔细观察你身边被惯坏了的小孩，是不是这样？他们小时候在家里无比自信、颐指气使，一旦到了大学、参加工作之后，却往往性格大变，变得十分悲观、思维消极，甚至认为人生毫无意义——其原因就在这里。

当你劝他行善、为别人付出的时候，他会不满地说道："别人对我充满敌意，我为什么要爱别人？"爱与付出在他眼中，竟然是荒谬的行为。

根源在哪里呢？在家庭的溺爱。

如果没有溺爱的情况，就要考虑方法是否对头。

需要注意的问题是：不要给孩子提要求，而要给孩子提供选择。

"提供选择"比"提出要求"有效得多。

一个孩子在课堂上大吵大闹，惹恼了老师。老师决定惩罚他，让他抄30遍课文。但随后他冷静了下来，觉得这种"提出要求"式的惩罚，于事无补。

他平复了一下心情，把孩子叫到办公室，说："刚才你在课堂上犯了错，你要对自己的错误负责。我给你提供两个选择，你自己任选其一。第一，是抄写课文30遍。第二，是选择替全班做一件好事——比如全天都由你来擦黑板。"

孩子痛快地选择了后者。

这种"选择"而非"要求"起到了令人惊讶的效果：小男孩虽然调皮捣蛋，在班级中"名声不佳"，擦黑板却很卖力气；更令人惊喜的是，一个捣蛋鬼忽然擦起了黑板，让同学们对他刮目相看。而他在得到同学们的赞扬和肯定之后，更加注意克制自己，和同学们相处也更融洽了。

“抄作业”会让他表现更差，“给全班做好事”却让他仿佛成了好孩子——这既是“行善”的力量，也是“给孩子选择权”带来的威力。

除了“给孩子选择权”之外，还要记住一点：问孩子“你该怎么办”（启发），比直接告诉他“你该怎么做”（指令），效果更好。

5 “友善而坚定”，到底有多难？

有一件事情令我印象深刻。一位母亲，职业是心理咨询师，而且是少年儿童心理咨询师。这样的母亲和自己的孩子沟通起来，一定很顺畅吧？

并不是。她的儿子正处于青春期，每次妈妈想和他交流，他都是两个字打发了——“嗯嗯”；有时候干脆一个字——“嗯”；好一点的情况下会说三个字——“不知道”。

妈妈很无语，耐心地开导孩子：“你知道吗？每天都有一大批孩子排着队，等着和妈妈说话呢！而且他们要付费的。你现在是免费听我说话，多好的机会啊，怎么不知道珍惜呢？”

孩子说了一句话，让妈妈目瞪口呆：“如果你用和他们说话的方式和我说话，我也会很愿意听你说话的。”

瞧瞧，一个心理咨询师都经常忘掉“友善”这个最基本的原则，不由自主地采用了“居高临下”的语气。所以我们这些“普通家长”，也就不必有什么心理负担了。但原则还是要讲的，比如，这本书里，我会多次提到“友善而坚定”这个原则。

友善，包括对外人的友善，以及对家人的友善——后者是我们经常忽视甚至忘记的。你觉得稀松平常的事情，在孩子眼中，却很

"扎眼"——

在街头碰见邻家的孩子，你会弯下腰甚至半跪着，轻轻地抚着他的肩膀说："这孩子，越来越漂亮了！"

对自己家孩子呢？你上一次说类似的话，是什么时候呢？为什么我们总是对"别人家的孩子"不吝赞美之词，对自己家的孩子却总是盯着弱点、缺点，缺乏友善呢？

当然，也不全是如此。很多家长，对自己的孩子还是能够做到友善的。有一次，我和几个家长讨论起了"友善而坚定"的话题，她们的说法很有代表性。

"我经常对孩子很友善啊，在超市，孩子想买什么就给他买什么。我虽然心疼钱，也得忍着。"

"我也是，该友善的时候友善，该坚定的时候坚定。可是，坚定和友善同时出现，就不可能了。我基本属于'坚定而粗暴'。"

问题就是在这里：友善，家长能做到；坚定，也能做到；让这两者同时出现，坚定的时候保持友善，友善的时候保持坚定，就比登天还难了。

我们的习惯，是"友善就不讲原则"，"坚定就必然粗暴"。怎样

家教专家谈

友善而坚定的养育，是一步一步地实现的。你首先要想一想自己的长处和家人的长处，然后，要想一想你愿意改进哪些方面，并每次致力于解决一个问题。这样，你就不会使自己或孩子难以承受了。

——简·尼尔森

才能避免这两种极端情况，真正做到“友善而坚定”呢？

最根本的有两点。第一是提高家长自身的规则意识，做事情不要有太多弹性，真正做到“一言既出驷马难追”，尤其是在对孩子的承诺方面。要么不承诺，承诺了就要做到。没有原则意识，一团和气，是教育不出有规矩的孩子的。

第二，是提高自控力。自控力，简单来说，就是控制情绪的能力。很多家长在坚持原则的时候，情绪很容易爆发，生气、愤怒、吼叫……这都是情绪失控的表现。

提高自控力不是一件简单的事情，不是一朝一夕能解决的。首先你要有信心，要相信人的大脑是可以被塑造、人的情绪是可以改变的。这个结论，不是我信口雌黄，而是科学家经过研究得出的结论。

但问题往往在于，我们自己先给自己扣上了一个“江山易改、本性难移”的帽子，放纵了自己——人的脾气是改不掉的，我就不改了吧！

有了这种“自我放纵”，在情绪即将失控的时候，你潜意识里就不会去努力克制，而是自由喷发。想控制情绪，就不可能了。

为了提高自控力，你需要列一个计划——最好写下来。这个计划包括：

家教专家谈

一味地强调孩子的弱点，那么这个弱点将伴随孩子的一生。

——叶圣陶

加强体育锻炼，体育锻炼是提高自控力的好方法；

确定自控力目标，这个目标要遵循循序渐进原则，如果上周情绪失控的次数为 5 次，那么，本周减少为 3 次就是进步，不要企图“一口吃成个胖子”；

把自己的目标向家庭成员公开，如果控制不住向孩子发火了，事后要道歉；

每次情绪失控之前，记得对自己说“先让我冷静 10 分钟”，第一次发火的时候你可能会忘掉对自己说这句话，更不记得去冷静一下，没关系，多练习几次就好了。

自控力是个大课题，不是一天两天能提高的，关键是要下决心去改变。记住一句话：慢慢来，比较快。你越着急，越会“欲速而不达”。

只有提高了自控力，“友善而坚定”才有可能实现，否则，往往会变成“坚定而粗暴”。

发脾气意味着父母的彻底失败

简·尼尔森的《正面管教》一书中提到了一个案例，非常典型。故事的主角很好地体现了“友善而坚定”原则。这位美国妈妈需要解决的难题是：孩子起床后，穿衣服很麻烦，容易迟到。

办法是培养责任感，让孩子知道穿衣服是自己的事情，并确立规则。我们说过，要想让规则有效果，最好是家长和孩子共同商定。

美国妈妈和孩子商量解决方案，最终达成了如下协议：

为了按时到达幼儿园，要在 7：30 出门；

到了 7：30，如果孩子还没有穿好衣服，妈妈就把她的衣服放在袋子里，带到车上，孩子穿着睡衣出门，到幼儿园后，在车上把衣服换好（为了安全，开车途中不能换）。

“协议”签订之后，孩子有一段时间表现挺好，但两周之后，出问题了。到了 7：30，孩子依然没有穿好衣服。妈妈毫不犹豫地执行规则，把她的衣服装进纸袋里：“走吧，到了幼儿园，在车上换衣服。”

（如果是你呢？哦……没事，不用那么严格，谁还不迟到一次两次的，下次再说吧！或者，你根本就把两周前的协议给忘了……）

孩子显然不适应，毕竟穿着睡衣出门不太好看——即便只有从门口到车上那么一小段路：“不！我不要！”

（这时候你怎么办？哦……好吧，既然你不想这么做，那就下次吧。或者，坚定而粗暴——哼哼，竟敢反抗，马上给老娘上车！）

美国妈妈没有在“是”和“不”之间纠缠，而是平静地给了孩子两个选择：

“该出发了。你是想自己上车（选项一），还是让我帮你上车（选项二）？”

妈妈的说法很巧妙，让孩子不得不把注意力从“与母亲对抗”转移到“做选择题”上，最终选择自己上了车，但依然愤怒：“我不想在车上换衣服！你太坏了！我恨你！”

妈妈保持友善：“我不会因为你发脾气而恨你。换成我小时候，也会这样。”

记住一条真理：发脾气意味着父母的彻底失败。

到了幼儿园，孩子余怒未消，不换衣服，拒绝下车。妈妈把车子开到一个比较醒目的位置，停下后，对孩子说：“该下车了。”见孩子没反应，接着说：“我先进幼儿园了，你准备好了就进来。”

然后，她走进幼儿园，在一间办公室里等着——这间办公室窗子正对着自己的车，她可以随时看到女儿，以确保安全。

孩子在车里无奈地坐了3分钟，自己穿好衣服，走进了幼儿园。妈妈迎上去对她说：“谢谢你遵守了我们的约定。”

（换作你，会对孩子说声“谢谢”吗？）

一段时间之后，孩子又出现了类似的状况。这一次，她没有犹豫，迅速上了车，一切都十分自然，在车上开心地和妈妈聊着天。到了幼儿园，她自己换好衣服，下车，进园，又是开心的一天。

6 不仅肥胖会“传染”，友善、乐观也会

来自哈佛医学院和加州大学圣地亚哥分校的两位科学家告诉了我们这样一个结论：

肥胖会在家庭内部和朋友之间传染。如果一个人身边有个朋友超重了，那么他变胖的概率就会增加171%。如果一个人开始酗酒，那么，在他的社交圈中，泡酒吧和宿醉的人也会增多。

肥胖、酗酒……别慌，生活中总是美好的事情更多。

比如，乐观、积极、友善，甚至自信的态度，也是可以“传染”的。可见有一个好的朋友圈、交际圈，多么重要。

如果没有“充满正能量”的交际圈，怎么办？只能自甘堕落吗？显然不是。尤其是为人父母，首要的一点，是培养自己的正能量，让自己变得积极、乐观起来。自己被这种正面情绪占据，就可以首先影响、“传染”给孩子。

我也想这样，可我的朋友圈里，负面情绪太多。我能成为圈子里最具正能量的人吗？

——你能。

乐观、自信之类的情绪，不仅可以靠朋友圈的“传染”获得，更可以通过训练来获取。

心理学有一个分支，叫“积极心理学”，马丁·塞利格曼是这方面的代表人物之一。他认为，乐观、自信等正能量，是可以通过一些途径来培养、掌握的。

换句话说，这些正能量是可以“训练”出来的。

怎么训练呢?

我们来看一个小孩是怎么做的。

这个小男孩天生十分胆小、敏感，容易紧张，不敢面对众人大声讲话。

直到有一天，他看到一本书，书里讲了一个军舰舰长的故事。

一位军舰舰长在作战中充满勇气、无所畏惧，成了很多人的偶像。有一天，有人问他：“你为什么如此勇敢?”

舰长说了一番话，让人大跌眼镜。这番话用一个字来概括，就是：装。

“每个人准备做出什么行动之前（比如向敌人进军），都会感到恐惧。我们应该学会控制自己的感情，让自己首先表现出勇敢的样子，然后，只要将这种样子保持下去，那么最开始的假装就会成为事实。”

如果一开始你不够勇敢，可以先“装”出勇敢的样子，保持下去，你真的就变成了一个勇敢的人。

小男孩出于对军人的崇拜，对舰长这番话深信不疑。为了克服自己胆小、紧张的缺点，他决定用舰长教的方法来训练自己。每次行动（比如在众人面前讲话）之前，他故意装出满不在乎的样子。

多次这样的训练过后，他发现，他竟然真的不紧张了。“无论是谁，只要愿意这样做，一定能做到。”

小男孩名叫罗斯福，后来成为美国总统。

罗斯福小时候使用的方法，心理学上叫“自我催眠”，或者叫“自我暗示”。进行公开演讲，几乎每个孩子都会紧张、恐惧，你可以试试让他在上台之前“假装满不在乎”，并在家里多模拟几次。

自信可以训练出来，乐观也是。

很多人听说过一个心理学名词——“习得性无助”。一头大象，在它小的时候，被拴在一根木桩上，无法挣脱；等它长大了，强壮到可以轻松拔掉木桩的时候，它依然不会去挣脱小木桩。因为它通过多年的经历，“习得”了这种“无助”，认为木桩是自己无法突破的障碍。

有“习得性无助”，也有“习得性乐观”——乐观也是可以后天养成的。

同样是孩子考试考砸了，乐观的父母和悲观的父母，看问题的角度会很不相同。按照塞利格曼的观点，主要有三个方面的不同。

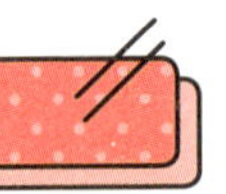

外部归因还是内部归因

乐观的父母会说：“孩子，考砸了没事，是题目太难了。”（外部归因）。

悲观的父母会说：“这就是你不努力的结果！”（内部归因）

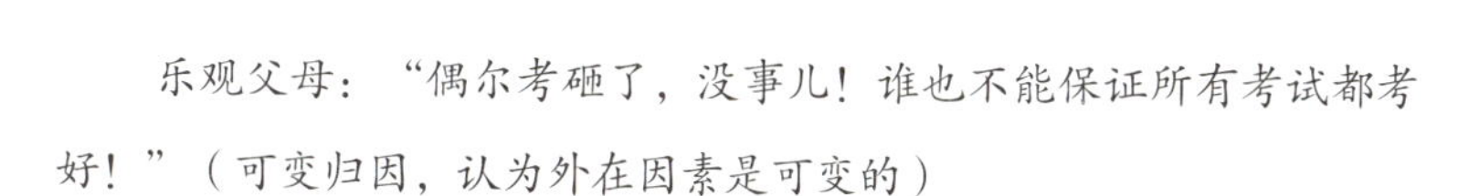

可变归因还是稳定归因

乐观父母：“偶尔考砸了，没事儿！谁也不能保证所有考试都考好！”（可变归因，认为外在因素是可变的）

悲观父母：“你这次犯的错误，以前就犯过，为什么屡教不改？粗心的毛病，总是改不了！”（稳定归因，即把偶然发生的事情，看成稳定的、必然的）

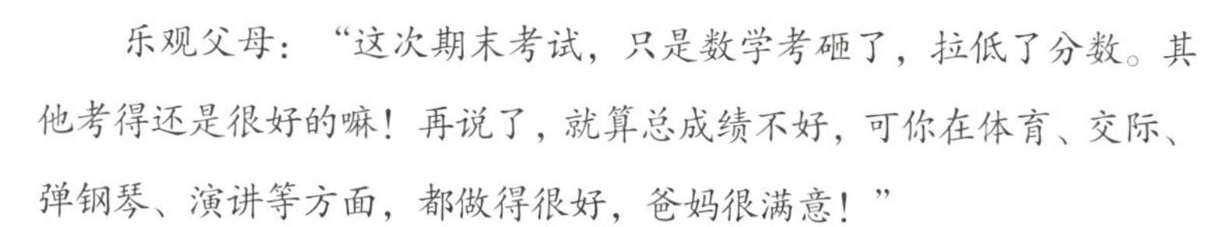

局部归因还是全局归因

乐观父母：“这次期末考试，只是数学考砸了，拉低了分数。其他考得还是很好的嘛！再说了，就算总成绩不好，可你在体育、交际、弹钢琴、演讲等方面，都做得很好，爸妈很满意！”

局部归因，就是把坏的结果限制在个别领域，不搞扩大化，更不

家教专家谈

任何在挫折中倒下，并在贫穷、不幸和痛苦中度过一生的人，之所以会如此，是因为他们消极地应用了自我暗示原则。

如果你认为自己会失败，那么你已经失败了。

如果你认为自己不敢做，那你一定踌躇不前。

——拿破仑·希尔

会因为某个弱项就否定了孩子的整体成绩。

悲观父母：“数学拉分最厉害了！数学考不好，总分就不好，排名就会大大下降！学习不好，在学校就不受欢迎，到了社会上也找不到工作，只能去建筑工地搬砖……”

全局归因，就是搞扩大化，貌似很多家长都这么做过：孩子一次考试考砸了，家长就能因此扯到全人类的和平发展问题。

要想成为乐观、积极的家长，首先要改变自己的思维方式，学会外部归因、可变归因和局部归因，不要因为一件小事就否定全局、否定未来。

换句话说，要学会“就事论事”，别太能“扯”。

自己养成了乐观、积极的思维方式，也会慢慢“传染”给孩子。除此之外，还有一些小手段，可以和孩子试一下。

马丁·塞利格曼实验了一种方法，被证明是有效的。做法很简单：

找张小纸条，每天写下生活中三件顺利的事情，以及每件事情之所以顺利的积极因素。

他的实验只持续了一周，就收到了明显的效果，实验参与者的乐观心态乃至幸福指数，都有了一定的提升。

这个实验提醒我们：生活中，一定要多注意好的方面、积极的方面，不要被坏的、消极的东西遮住了双眼。子女教育尤其如此。

要打心眼里而不是违心地夸赞孩子

很少有人喜欢流浪的孩子，不是因为他们衣衫褴褛，而是因为他们没有接受什么教育，显得缺乏教养。

心理学家赫伯特·斯宾塞就曾遇到这么一个难题。那时候斯宾塞对孩子的“快乐教育”模式在小镇上已经十分出名，甚至开始流传这样两句话：

几乎所有家庭都在抱怨教育孩子的苦恼，只有斯宾塞家除外。

我们都是在哭声和骂声里种土豆，只有斯宾塞家在快乐地种金子。

这种教育方法传到了一位神父那里，他随即找到斯宾塞，求他一件事情：

教堂收养了三个流浪儿，吃穿不在话下，他们仨的调皮捣蛋却让神父头痛。他希望斯宾塞能用自己的教育模式教育一下这三个孩子，争取让他们有所改变。

有点“烫手山芋”的味道！斯宾塞毫不犹豫地接手了。他给这三个孩子做的一项重要训练，就是通过经常性的“心理暗示”，来塑造他们的乐观心态和积极思维。

先和孩子们做游戏。

他做了一个纸盒，留有一个洞，只能用一只手伸进去（类似于抽奖箱），里面有各种卡片。

孩子们把手伸进去之后，每人取出一张卡片。

斯宾塞告诉孩子们：抽到的卡片，就是你们今天的幸运语，你必须大声地读出来，而且要多次重复读。

卡片上的字很简单，诸如——

今天，我要快乐地跟每一个人打招呼。

我很有信心，很有力量。

我快乐，我会成功。

我的记忆力很好，我能记住一切。

……

（如果你和孩子做这种游戏，可以根据孩子弱点设计内容，哪方面是他的弱项，就多体现哪方面）

孩子们虽然喜欢这个游戏，也很重视自己的“幸运语”，可是，第一次让他们读出来，并不容易。斯宾塞于是逐一询问每个孩子的“幸运语”，并要求他们大声回答。孩子的第一次“心理暗示”，终于读出来啦！

坚持两周之后，这种心理暗示已经在孩子身上起到了明显的效果，三个流浪儿的表情，不再是无助、无望与无赖，而变成了兴奋与活力。

事情真的如此。当你内心一直默念“我很强大”——或者干脆弄一张字条，每天读几遍，你真的会变强大；心理学的实验也已经证明，那

些整天唠叨“我记忆力真差”的人，记忆力真的会下降。

如果你打心眼里而不是违心地夸赞孩子（要说得具体、真实，最好结合实例夸奖），那么，你在哪一方面夸奖得多，孩子这方面的能力就越强。

不信你就试试看。

7 快乐教育原则
——找到并培养孩子的兴趣点

在中国家庭中，因为家长给孩子报特长班、培训班而爆发的冲突，很常见。

我女儿也是。最初是她自己选择了小提琴，头两次去上课的时候，激动得不要不要的。几次之后，就彻底崩溃了。费了九牛二虎之力，才让她坚持了下来。

我现在很庆幸，当时没有因为这件事情爆发大的争吵，更没有惩罚孩子。在学特长的问题上，家长一旦开始了惩罚，孩子即便被迫学了，也将一事无成。

我们来看看心理学家本杰明·布鲁姆主持的一项标志性研究。

布鲁姆的团队采访了 21 位钢琴演奏家，这些钢琴家都是世界顶尖比赛的决赛选手。

钢琴家们如此顶级，小时候一定“天赋异禀”吧？研究者们一开始也是这么想的。

但光“想”不行，要实地调查。研究者开始翻档案、找材料，一个一个“追查”这些钢琴家的“想当年”：他们大概第一次比赛就夺得了第一名吧？他们大概中学时期就在钢琴界崭露头角、屡战屡胜吧？

研究人员把钢琴家们小时候的成绩扒拉出来，汇总到布鲁姆面前。布鲁姆有点傻眼：

这就是当年的钢琴家？当年的他们和现在相比，差距实在有点大啊！

结果表明，这些钢琴家最初学习音乐时，很多人被打上了“缺乏音乐天赋”的标签，他们只是“比邻居家的小孩强一点儿”而已！如果那时候有人指着他们中的一个说：“这孩子将来会成为世界一流的明星钢琴家！”很多人会笑掉大牙。

他们早年的比赛成绩，也惨不忍睹，在竞赛中胜出的情况实在不太好找；放在全国层面上，他们显得平庸。

于是问题来了：这些早年平庸的孩子，为什么“后发制人”，成了世界一流的明星钢琴家呢？

研究者进行了深入调查，尤其是访问了钢琴家的父母和他们的钢琴启蒙老师，有了重要发现。

他们的启蒙老师有一个共同特点——水平未必很高，但很和蔼、有耐心，有的还很幽默，于是造成了一个共同现象：这些钢琴家们在最初接受钢琴启蒙的时候，都非常渴望、十分喜欢去上钢琴课！

在那时他们的眼中，钢琴课不代表什么高雅、素质，只代表了一点：有趣，好玩！这让他们从心底萌发了对钢琴的兴趣。

是只有钢琴家们如此，还是其他杰出者也如此？研究者又研究了18名美国网球运动员，这些人都曾经排名世界前十。结果还是一样：他们的启蒙教练水平不是最高的，却都是对孩子特别和蔼的，从而让这些未来的明星们爱上了这项运动。

“让孩子喜欢去，快快乐乐、高高兴兴地上课，真有这么大的作用吗？”斯宾塞的回答是：是的。他甚至提出了一种教育理念：快乐教育。

相比而言，更多的家长喜欢“惩罚”——但这完全是错误的，无论它当时多么“有效”。

记住，让孩子快乐，比给孩子命令更有效。这也是很多钢琴家之所以最终成功的重要因素。

这就带来了另一个问题：钢琴家们刚开始学琴的时候，并不一定是喜欢弹钢琴，却一定喜欢上钢琴课、喜欢钢琴老师。如果碰到一个脾气不太好、不算和蔼、不算幽默的老师，怎么办？如果孩子有天赋，或者家长想让孩子建立这方面的特长，就无计可施了吗？

这个时候，首要的一点，是看孩子有无兴趣——把“兴趣”作为是否让孩子选择学习的第一标准。

兴趣的培养可以分“两步走”：

第一步，找一个和蔼可亲的、有魅力的老师（专业水平先放在一边）；

第二步，用合理的方法说服孩子，让孩子接触这一课程。

重点的是第二步。记住，在说服孩子之前，你需要学一些谈判技巧——这是一次很重要的谈判，不能谈崩；第一次一旦谈崩，第二

次就更困难了。

想一想，“谈判”的目的是什么?

很简单，把家长的想法“强加于人”，用自己的观点来影响孩子。那么，“影响他人”的最佳方式是什么呢?

这就需要谈判专家出来说话了。专家给我们指了一条路：

影响他人最有效的方式，是“寻求建议”！

研究表明，甲和乙进行谈判，如果甲“简单粗暴”地只关注价格问题，那么达成协议的概率只有8%；如果甲放低姿态，以商量的口气，向乙寻求建议，看看如何能达成目标，那么，签署协议的概率会提高到42%。

和孩子的“谈判”也是一样。要注意这种技巧的出发点：放低姿态、放下家长的权威。

这时候，家长和孩子是平等的谈判对象，家长不仅不能强势，甚至需要“弱势”。

比如，家长可以问：“乖宝贝，前两天我去了一个朋友家，哎呀……那氛围真好，令人羡慕。可咱家里，总觉得少了点什么。”

少了什么呀？孩子自然会问。你可以接着说，少了点艺术氛围。

家教专家谈

不要在自己情绪很糟的时候教育孩子，这时很容易把这种情绪发泄到孩子身上；也不要在孩子情绪低落（比如刚刚哭过）时，对他进行说教，或者强迫他学什么。

——赫伯特·斯宾塞

“你能不能帮我想想办法，让咱家里的艺术氛围浓厚起来？”

孩子可能会举出绘画、书法、音乐等他能想到的艺术形式。“是啊，我们都希望有这种氛围。可是，光有形式不行啊，不能搞形式主义。咱家里如果有一个‘艺术带头人’就好了。咦，你做咱家的‘艺术带头人’怎么样？带动爸爸妈妈一块‘艺术’起来？”

“寻求建议”的“诡计”有多种，最终目的，都是引导着孩子去学习某种特长。

要注意一点：对缺少艺术氛围的家庭来说，孩子一旦学了某种艺术特长，他在这方面就是家里的“权威”；家长不仅要尊重这个事实，甚至可以有意培养孩子的这种“权威人物的感觉”——这既能让他觉得“我在这个家里越来越重要”，又能让他的学习兴趣进一步提高。

如果反其道而行之，就完蛋了。孩子即便表面不说（他只认为学琴是一种义务，跟上学一样，并未意识到自己在这方面已经成了家里的“头号人物”），潜意识里也会积聚反抗意识：

家里人都不学琴，为什么偏偏让我学？你们现在都三四十岁了，并没有成为钢琴家，为什么一定要让我将来当钢琴家？

即便你用心呵护，放心，孩子也会出现“厌倦期”的。怎么办？下面这个例子，给你答案。

让孩子好好学琴，怎么就这么难？

教育家赫伯特·斯宾塞在家庭教育方面很有一套，但显然，他妻子并没有学会他这一套。

斯宾塞生活在19世纪的英国，那时候很流行风琴。在斯宾塞的耐心诱导下，他儿子学起了风琴。

儿子起初对风琴很感兴趣，没过多久，就厌倦了。母子之间的“斗争”开始了：

“儿子在音乐上一点天赋也没有！一支简单的曲子，他弹了100遍了，还没学会……”

斯宾塞大概想到了那句话——“教育孩子从根本上来说，就是教育家长”，决定阻止妻子不正确的教育方式：“如果让儿子感到，学风琴是一件紧张、痛苦的事情，那他肯定是学不好的。”

“好吧，你来。我倒要看看你怎样让他‘不紧张’‘不痛苦’。”

斯宾塞决定采用“放低姿态、寻求帮助”的办法——这与谈判中间“寻求建议”的技巧异曲同工。

注意两点：

第一，时机问题。

和老婆的讨论，就到此为止，“学风琴”这个话题，就从今天的议题中消失了。

家长常犯的一个毛病，是穷追猛打、寻根问底，今天不理出个一二三四来，大家就别吃饭、别睡觉。这是相当错误的，你追得越紧，孩子的弦就绷得越紧，事情谈崩的概率就越高。

所以，必须有一个放松期。

第二，还是放低姿态——这是关键。

最终，斯宾塞选了一个傍晚，一家人一块就餐的时候。

晚餐，烛光，一家人坐在一起，其乐融融。很温馨的情景。这时候，再来点风琴就好了。

“亲爱的，我很喜欢你弹的那首小曲子……呃，叫什么名字来着？”斯宾塞说。

瞧瞧，这才是高明的爸爸。不高明的爸爸往往会说：“昨天你弹的是F大调还是G大调？”

爸爸不懂，但儿子懂。爸爸的主动请教，让儿子心中的“权威感”油然而生，他感觉自己更重要了。

“《林中仙子》。”

“对对对，就是这个。太好听了。能给我弹弹吗？”

儿子摇摇头。这是正常的，一丁点“权威感”收买不了儿子。

斯宾塞于是“加码”：“太遗憾了。如果我自己会弹风琴就好了，哪

怕只会一小段儿。”

儿子似乎有所触动——毕竟，面对这么低调的爸爸，面子还是要给的嘛，“那我就试试吧。”于是，他弹了起来。

他老婆惊讶地看着眼前发生的一切。

确实，“寻求帮助”的效果，比命令、惩罚有效多了。

什么是安全

家庭教育安全　孩子的成长才更安全

校园暴力、霸凌之类的字眼，总是令人心惊。为什么有的学生具有攻击性？这和他的家庭环境、教育环境有关吗？

一岁多的小男孩正在练习走路，他似乎有点想跑，一不小心，头撞到了桌子腿。他哇哇大哭。

奶奶连忙将他抱了起来，狠狠地踢了桌子两脚，边踢边安慰孩子："宝宝不哭！都怪桌子，看奶奶踢它，替你报仇！"男孩擦着泪，学着奶奶的样子，也踢了桌子两脚。

很多父母已经知道，奶奶的这种育儿方式，是错误的。如果不加纠正，她孙子极有可能成为一个不愿承担责任、只把责任推给他人的人。

在谈到"乐观可以训练"的时候，我们提到了"外部归因"，即乐观的人喜欢把问题出现的原因归结于外部因素。请注意，"外部归因"和这位奶奶"帮孩子推卸责任"完全不是一回事。

外部归因是客观的，外部因素是问题的主要原因之一；其目的是培养更积极的心态，弥补自己的短板，把事情做得更好。"推卸责任"则属于胡搅蛮缠，明明是自己造成的问题，却归结于别人。这两种心态最大的差别在于，前者是积极的，目的是主动改进；后者是消极的，目的是拥有更多的特权，让自己被人关照、被人溺爱。

很多人真正铸成大错，是在成年之后。但事实上，在他们的童年、幼年，隐患就埋下了。

1 爱孩子，先给他（她）足够的安全感

我非常赞同心理学家约翰·鲍尔比的一句话：

对婴幼儿的成长来说，爱同维生素一样必不可少。

如果说，爱是孩子的“维生素”，那么，安全感就是孩子生活中的“钙片”。失去了安全感的孩子，容易生活在恐惧、焦虑之中，他们拼命地想要抓住一切，哪怕妈妈只是暂时离开，他也会哭闹不止，仿佛妈妈一去不复返。

有一位妈妈每次外出时，都显得焦躁不安，不时低头看表。

“怎么回事？你看上去很着急的样子。”朋友问她。

“嗨，别提了。我 5 点之前必须回家，我已经答应孩子了。”妈妈说。

“晚一点也没事吧，反正她又不是一个人在家，爷爷奶奶也可以照顾她啊！”

妈妈叹了一口气，说：“这孩子没有安全感。如果我不回去，她会一直趴在窗户上往外看，一直等着我，哭得撕心裂肺，爷爷奶奶怎

么哄也无济于事。”

——到底哪里出了问题呢？我们还是耐下心来，一步一步寻找答案和解决方法吧。

如果爱是维生素，那刚才提到的这个孩子，显然不缺“维生素”，家人都很爱她。她缺的是“钙片”——安全感。

安全感又是从哪里来的呢？我们来看下一个例子。这个例子比较极端，却很能说明问题——至少，它能让我们明白安全感来自哪里。

出生在教师家庭应该算是一种幸运，但美国的一个教师家庭，似乎不是如此。教师有两个儿子，哥哥表现优秀，弟弟的表现却大相径庭。

弟弟经常满腹牢骚，性格叛逆。和成绩优异的哥哥相反，他在班上的成绩一直排名倒数，也不怎么守纪律。他一直觉得自己是家中被孤立、被忽视的成员，离家出走成了家常便饭。

教师对这个孩子十分头疼，却又无计可施，很多教育理念放到自己的孩子身上，仿佛都失效了。极度无奈之下，他甚至考虑把孩子

家教专家谈

很多父母和老师都说过这句话：“我已经告诉你一百遍了。”他们需要认识到，愚笨不堪的不是孩子。孩子们知道什么对他们有作用。大人需要认识到，说一百遍是没有效的。只要大人们没有下决心和孩子一起解决问题，孩子永远学不会对自己的行为负责。

——简·尼尔森

送进改造所（相当于一种管教严格的教育机构）。然而，就在这个时候，孩子体检时查出得上了“忧郁型肺结核”。

患病期间，父母对老二格外关照，直到病愈。病愈后的老二，性情大变，十分听话、乖巧了。

原来，因为哥哥十分优秀，一直受到家人的喜爱，他以前一直很不平衡，认为父母不爱自己、自己是多余的。这次患病，让他忽然意识到，自己的想法是完全错误的，父母像爱哥哥一样爱着自己，只是以前没有表现出来而已。

生活在哥哥的阴影里，父母的忽视，让他缺乏安全感。他的调皮、捣蛋甚至离家出走，都是缺乏安全感的表现。同样是缺乏安全感，有的孩子“向内发展”，表现为自卑、恐惧、自我封闭；有的则“向外发展”，表现为好斗、狂躁、易怒等。

事实上，这些表现，都是他为了和哥哥“争宠夺爱”而采取的手段（当然他自己并没有意识到），潜意识中，他企图利用这些手段控制父母，却没有成功。因为一场疾病，父母把深藏在内心的爱表达了出来，这些问题也就失去了存在的基础。

从根子上来讲，他是失去了归属感，不知道自己的位置在哪里——也不知道自己在父母心中的位置。没有归属感，就不会有安全感；安全感的退位，必然带来恐惧感的上升。

如何帮孩子克服恐惧感？

问题渐渐清晰了：要想克服孩子的恐惧感，就要给他安全感，而安全感来自归属感，也就是让他找到自己在家中的定位。

注意，这个“定位”，不是“孩子必须被宠爱”，也不是“父母是权威、孩子是服从者”，而是“孩子是家庭中平等的一员”。

心理学家鲁道夫·德雷克斯的建议是，家长要成为孩子的“合作者”。

我们既不建议家长纵容孩子，也不建议家长严惩孩子，我们建议家长学习如何成为孩子的合作者。

合作者，或者说——伙伴，这是家长和孩子在家庭中的最佳定位。

基于这个理念，在引导孩子克服恐惧感、建立安全感的过程中，有些方法你就可以接受了。如果你对孩子过于溺爱，可能很难接受这样的方式，因为孩子可能会利用恐惧感来操控家长。

年仅 3 岁的玛西亚对黑暗总是感到恐惧，妈妈想帮她克服这个弱点。只要玛西亚敢于在自己的小房间内睡觉，目的基本就达到了。

但结果是，每当妈妈关掉玛西亚房间的灯、同时打开走廊的灯（避

免玛西亚房间过于黑暗），玛西亚就会尖叫，不准妈妈离开。

“我想开着灯睡觉。”

“走廊的灯不是开着吗？屋里并不黑。”妈妈说。

“可我还是不想让你离开。”

“……好吧。”

鲁道夫·德雷克斯对这位妈妈做了这样的点评：“她（妈妈）没有看到，玛西亚在利用自己的恐惧让妈妈陪着她，让妈妈为她服务。”

这样会让孩子克服恐惧感吗？显然不会。孩子的恐惧、妈妈的陪伴，只是一个表面现象。这个现象背后的本质，是孩子想更多地获取妈妈的爱和陪伴，用自己的恐惧感来操纵妈妈，恐惧事实上成了小家伙的武器。

这种情况下，孩子潜意识里是不想去主动克服恐惧感的。既然有妈妈在，自己干吗要让恐惧感消失呢？

合理的处理方式，听上去可能有点“无情”。妈妈可以打开走廊的灯，关上卧室的灯，表达自己的信任：“孩子，我想你能学会不害怕的。”然后，走开就可以了。

这样把孩子“扔”在自己的房间，是否有些残忍呢？并不是。很多情绪，尤其是带有负面色彩的情绪——比如恐惧、害羞，父母越是频繁地注意到并作出回应，孩子这样的情绪就会越严重。

简单点说就是，你越对孩子的恐惧加以回应，孩子的恐惧感就越难以“治愈”；你越在别人面前说“我孩子经常害羞”，他就越容易害羞。对付“孩子害羞”，最好的办法也是如此：在众人面前，忽略孩子害羞的表情，可以鼓励他大胆说话，但不要因为孩子害羞而刻意关照他。

害羞和恐惧一样，也是有好处的，因为可以得到大人或者其他人的关照。既然有这么多的好处，孩子为什么还要克服这些情绪呢？在潜意识里，他们也是把这些负面情绪当成了控制父母的“武器”，目的是获得父母更多的关爱。

所以这两个问题的解决方案也是一致的：父母适当放手，孩子自然就“长大”了。

Facebook首席运营官谢丽尔·桑德伯格，在十几岁的时候，就说了一句很经典的话，令人印象深刻。有一天放学回家后，她对母亲说：“妈妈，我们之间有一个问题。你还没有准备让我们长大。”

“没有准备让孩子长大！”这不仅是谢丽尔妈妈一个人的问题，几乎是全天下所有妈妈的共同问题！

早一点明白，早一点放手，让他自己去分析、解决问题，对他的人生、他的未来，只有好处，没有坏处。

2 “孩子都这样啊！”就安全了吗？

设想一下，当你在育儿方面遇到难题、困惑的时候，你怎么办？

一般情况下，选择无非三种。

其一，找心理学家或者教育专家，请他们支招；

其二，找孩子的老师，或者其他熟悉的老师，他们虽然不是心理学家，但在教育方面很有经验；

其三，找和自己有类似难题的家长交流，大家把问题一谈，共同的话语感扑面而来：“哦，原来你孩子也这样啊！”顿时同病相怜，甚至有些宽慰：看来孩子都这样，没什么大不了的。

如果你选择了第三种，那就要警惕了：你可能已经或者即将陷入“平庸者循环”怪圈。你或许无所谓，毕竟成家立业了。如果把这种心态传递给了孩子，那么很遗憾，“龙生龙、凤生凤、老鼠的儿子会打洞”这种很令人不快的民谚，可能会重演。

教育从根本上来说，就是“教育家长”——这句话正是这句民谚的原理所在。家长“教育”不好，自己不改进心态，根据我们前面提到的“情绪可以传染”等观点，坏的习惯会很容易地“传染”给孩子，从而造成这种结局。

“教育家长”的说法会令你不快，但没办法，不好听的实话比好听的瞎话要好。

为什么你不愿意去找专家？根本原因就在这里——专家会令你不快。专家毕竟是有点水平的（找心理学家还要花钱），有一种高高在上的气质；他时间紧张，你只能插空去问，专家未必有那么多时间和耐心，即便回答你，也会直奔主题，不拐弯抹角。

你问专家“孩子有拖延症怎么办”的时候，专家马上反问你：“你自己有拖延症吗？你自己拖不拖拉？为什么一定要给孩子贴这样的标签？”当着很多家长的面——是不是很尴尬？

求教于老师比求教于专家略好一点，老师毕竟不会像专家一样不给面子。但相比而言，最让人心态放松的，还是求教于“同病相怜”的家长。事实上也不能算是“求教”，只是家长们在互相交流孩子们的“症状”而已，谁都拿不出好办法；或者听说过别人有“好办法”，但感觉自己做不到；既然做不到，那就用一句“孩子小，都这样”互相宽慰一下，大家越聊越开心，成了好朋友，就差定“娃娃亲”了。

我不是否定这种朋友关系，只是提醒一下：如果你越来越喜欢和平庸的人交朋友，你会一直平庸下去；和优秀的人交朋友会让你不舒服，但会让你一步一步优秀起来。

你如此，孩子更是如此。

五根指头还有长有短呢，一个班级里，天然就有优秀生和“普

家教专家谈

比起哈佛大学的毕业证书，读书的习惯更加重要。

——比尔·盖茨

通学生”的差别。任何人都无法屏蔽平庸者，孩子也是一样。即便如此，也要让他们学会去和优秀的同学交朋友。孩子身边优秀的朋友越多，他就越优秀。

但这种与优秀者的接触，一定要经常得到你的鼓励——甚至是在你的推动之下，才可能进行的。

让孩子和优秀者接触，就如同你遇到了问题去找专家。专家很有水平——哪个有水平的人没点脾气？他每天面对无数个“平庸”的家长，无数次回答几乎相同的问题，都烦透了，但还是要表现出“学者”的涵养。这种心态之下，他的回答，只会直来直去，不会跟你客气。

不管是所谓的“学霸”还是其他方面有特长的学生，也是有这种“专家气质”的。你的孩子如果比较普通，会很自然地排斥和“专家学生”的接触，一般情况下也不会去主动向他请教问题：“他不就是学习（或其他方面）好点吗，有什么了不起！”

这种心态很常见。和你去请教专家的情况不同，你和专家不平等，但同学之间是平等的，所以孩子会有一种“不服气”的心态，这是好事儿。如果你问孩子：你为什么不愿意接近“学霸”呀？他假如是这种“不服气”的心态，那你首先必须肯定孩子。

在这种心理之外，可能也存在“学霸瞧不起别人、自己去请教同学不好意思”的心理。这时候，就要合理引导了。

几乎所有家长都有过这种体会：让孩子理解“请教同学不丢面子”，是一个难题。老师毕竟是权威的，有问题问老师，孩子没有心理障碍；同学毕竟是同学，有问题让他问同学，孩子就怕“被人笑话”。所以，很多同学宁可等着问老师，也不愿意问同学；一旦没有机会问老师，难题就错过了。

孩子和大人一样，很容易陷入“平庸者循环”怪圈。这个“平庸”，不一定是指成绩，也包括心态、能力等各个方面。

仔细研究成功人士的传记，你会发现一个事实：他们最初也很普通、很平凡，之所以成功，是因为他们喜欢和“比自己优秀”的人在一起，最终也让自己优秀起来。

洛克菲勒在写给儿子的信中说：

和消极的人交朋友，自己也会跟着消极起来；总和小人物做朋友，就会不自觉地滋生很多卑微的陋习。反过来讲，假如经常和大人物交流，那么你的思想境界也会跟着提升；假如和有着雄心抱负的人交朋友，久而久之，你也会有了野心和实现梦想的行动。

假如你遇到困难，一定要向高手求助。假如你向一个水平很差的人请教，那就像是有病了去找庸医一样，十分幼稚。

记住：平庸给人带来安全感，但优秀需要魄力。班级是个集体，“木秀于林，风必摧之”的谚语，是会应验的。如果你的孩子很优秀，一定要让他懂得“优秀需要勇敢一点”的道理，他才不会重新变得平庸。

在普通人、平庸者中间，优秀者只有两条路可走：

第一，为了寻求安全感，放松自我，让自己和周围的人一样

平庸。

第二，让自己保持优秀，带动周围的人也变得优秀，而且为了和比自己更优秀的人接触，进入更加优秀的圈子。

让你的孩子早一点明白这个道理，将会受益无穷。

教育孩子勇敢坐第一排

开会、考试的时候，如果自己挑选座次，你会坐第一排吗？

很多人会默认选择“后面”，甚至“最后一排”，如果这种选择是为了作弊，那属于道德问题；如果只是自然而然，那你这种心态，就需要改变一下了。

尤其对孩子而言，更是如此。

坐在后面，等于默认自己“不优秀”，给自己一种“我不重要”的心理暗示。多年下来之后，“我不优秀”“我不重要”就会从心态成为事实。

一位教授曾经进行了一次持续10年的实验。

10年前，教授让他的学生毫无次序地进入一座大礼堂，随便坐。这样的行动持续了好几次，他发现，有的学生习惯于坐在前排，有的习惯于坐在后排，还有的四处乱坐。教授把习惯于坐前排和习惯于坐后排同学的名字悄悄记了下来。

10年后，同学们都已经工作好几年了。教授把当年的名单拿出来，一一核对他们现在的成就。结果发现，爱坐前排的学生成功的比例远远超出了坐后排的学生。

道理不复杂。坐前排，首先是一种“我很重要”“我很优秀”的心

理暗示；其次，坐前排需要魄力，需要勇气把自己推上去，因为第一排是老师“一览无余”的座位，便于老师监督，让自己没有偷懒、走神的机会。

很多时候，“先把自己置于不舒服的境地再说”，是一种很好的提升自己的方法。坐前排和进入竞争激烈的班级一样，会面临各种考验；临阵退缩，去安稳的班级、安稳的位置，是最舒服的——何必自己为难自己呢？

很多时候，平庸带来的安全感，就是最大的危险。

3 奖赏的教育方法不都是安全的

对孩子，一定要多鼓励、多表扬，这是必需的。可是，下面这个场景，你觉得合适吗？

公交车上，四五岁的小男孩哇哇大哭，年轻的妈妈有点焦躁，孩子的任性让她感到没面子。为了让孩子尽快安静下来，她对儿子说："别哭了好吗？如果不哭了，妈妈就给你买一根冰激凌，怎么样？"

效果倒是很好，冰激凌的魅力显然不小。然而……

如果教育专家在妈妈身边，他一定瞪大了眼睛：拜托，你这不是鼓励，这叫——行贿！

行贿？不要说得那么严重好不好？

是有点"言重"了。但性质上，真的差不多。很多妈妈、爸爸，分不清贿赂和鼓励之间的区别，经常把贿赂当成奖励。

奖励和贿赂的根本区别在于：

奖励，是孩子做了正确的事情，尤其是改正了原来的错误，而且在一定限度之内（这很重要）；

贿赂，是孩子做了不正确的事情，或者是应该做的事情，你却给他奖励，甚至是无限制的奖励。

比如前面提到的这个孩子，首先，在公共场合吵闹、大哭，本身就是不合适的行为，是不对的；父母这个时候给他奖励，只能助长他的脾气，让他尝到“坏脾气”的好处。

其次，即便孩子在公共场合的哭闹是因为某些特殊因素，比如在家里的时候，问题就已经埋下隐患了，家长也应该寻根溯源，从源头上解决问题。在公共场合孩子的哭闹，只要不是因为疾病、不舒服等原因，对这一行为的纠正（注意“和善而坚定”这一原则），就是应该的，奖励是不可取的。

奖励主要针对以下情况：

- 孩子确实有了进步；
- 孩子改正了自己缺点（哪怕很小，哪怕只有一次）；
- 家长做出了承诺。

公交车里的妈妈，既然做出了承诺，那就必须兑现承诺；但下一次出现类似情况，她会处理得更加艰苦。培养孩子的贪心比培养孩子的好习惯，实在容易得太多了。

还要注意一点，奖励要根据孩子进步的大小来进行，并且记住：

家教专家谈

鼓励，是给孩子提供机会，让他们培养“我有能力，我能贡献，我能影响发生在我身上的事情，我知道我该怎么回应”的感知力。

当我们生着气做出（对孩子的）反应时，我们肯定是在“啃掉”孩子的归属感和价值感。

——简·尼尔森

珍视“小礼物”的作用！

中国人的习惯，尤其是退了休的爷爷奶奶，在“奖赏孩子”方面，几乎都是大手笔，一定会令国外的爷爷奶奶们咂舌的。然而这不是好事。

礼物不在大小，一支铅笔、一颗糖果，都能起到令人意想不到的作用。

记得看过一张照片，某个中学的课堂上，学生前面，清一色摆着耀眼的苹果手提电脑，每一台都价格昂贵。学校不会统一要求购买，都是学生有了攀比心态，家长给买的。的确，有些学生的苹果电脑可以看成是奖赏，但买了这个之后，下一次孩子有了更大的进步，你买什么呢？汽车？房子？考上大学是不是就该买游艇了？

心理学上有个名词，叫“饱足效果”。如果奖赏太丰厚，学生追求进步的动力就会下降。“饱足”的表面意思，就是奖赏把孩子喂饱了。他也知道，买了苹果电脑之后，家长不大可能因为他的进步真给他买辆小轿车，他前进的动力或许就会因此消失。

错误的奖赏，很容易带来问题。奖赏的关键，是要让孩子学会在大人的引导之下进行自我评价，避免让他们对别人的赞扬或者观点产生依赖感。

时机也很关键。如果和孩子在冲突之中，不要盲目奖赏，可以按下“暂停键”，让自己先冷静一下，再考虑怎么引导孩子去自我评价，并根据孩子的改进程度，给予适当奖励。

情绪安全表

“愤怒”的小孩

——孩子的情绪管理日志

记情绪日志是一种很好的情绪管理方式，无论大人还是小孩，消极情绪还是积极情绪，都可以记录下来，进行梳理和反思。

孩子发脾气、闹情绪怎么办？按照这四个步骤，一步一步，尝试着记录下来吧！

家长引导	情景描述
1. 引导孩子描述情绪，家长要表示理解	**例** 孩子：“我现在很生气！”妈妈：“你不开心了，有些生气。这很正常，爸爸妈妈也经常感到沮丧、失望呢！”
2. 引导孩子分析情绪，找出发脾气的原因	**例** 妈妈：“生气一定是有原因的，可以告诉妈妈发生了什么吗？”孩子：“本来我能跑第一的，快到终点的时候，小强把我推倒了！”妈妈：“怪不得你会生气。小强推人是不对的。你很想拿第一，但是没拿到，觉得很沮丧、窝囊，对吗？”
3. 引导孩子反思情绪，指出发怒并不能解决问题，并引导孩子体会他人感受	**例** 妈妈：“你生气，一是因为没拿到第一，二是因为小强推你。小强推你是不对的，你想不想和小强谈谈这件事？妈妈可以请他到家里来玩。没拿第一，但下一次比赛你还可以争取呀！”孩子：“其实前两天比赛的时候，我不小心碰了他一下，他以为我是故意的……”妈妈：“原来这样。看来你俩是互相不服气，改天再比赛一次怎么样？如果谁再推搡别人，那妈妈准备的水果沙拉就没他的份儿了……”
4. 关注事情的后续发展，养成“对孩子进行情绪训练”的良好习惯	**例** 一段时间之后，妈妈继续关注孩子和小强之间的关系：“你和小强现在怎么样了？和好了吗？以后再有这样的问题，你会怎么处理？”这种有意识的引导，既能让孩子学会管理情绪，也有助于孩子提高人际交往能力。

情绪安全表

“愤怒”的小孩

——孩子的情绪管理日志

孩子发脾气、闹情绪怎么办？按照这四个步骤，一步一步，尝试着记录下来吧！

家长引导	情景描述
1. 引导孩子描述情绪，家长要表示理解	
2. 引导孩子分析情绪，找出发脾气的原因	
3. 引导孩子反思情绪，指出发怒并不能解决问题，并引导孩子体会他人感受	
4. 关注事情的后续发展，养成“对孩子进行情绪训练”的良好习惯	

我的年度财报	1. 本年度总收入 ________ 元，总支出 ________ 元。 2. 本年度结余（盈利）________ 元。 （如果是负的，就成“财政赤字”了，想想怎么挽回吧……连续这么下去，是会破产的） 3. 本年度收入最高的月份是 ________ 月，收入 ________ 元。这个月收入较高的原因是 ________________________________。 4. 本年度支出最多的月份是 ________ 月，支出 ________ 元，这个月支出较高的原因是 ________________________________。 5. 本年度盈利最高的月份是 ______ 月，亏损最多的月份是 _____ 月（如果没有可以不填）。 6. 分析支出最高月份和亏损最高月份，你能得出什么教训？哪些开销是不必要的？ ________________________________ ________________________________ 7. 分析收入最高月份和盈利最高月份，你能得出什么经验？ ________________________________ ________________________________ 8. 收入和支出差不多，叫“收支平衡”，你觉得怎样才能保证当月的收支平衡？ ________________________________ ________________________________

使用说明

理财没有早晚，不要觉得“孩子还小，弄这些干什么”，商界的杰出人士，比如巴菲特、卡内基，都是从幼年就开始理财了。更重要的是，早点接触理财，对孩子的思维模式会有重大影响，一生受益无穷。

培养孩子的财商

孩子的“零花钱理财计划”

<table>
<tr><td colspan="2">零花钱来源</td><td>金额</td></tr>
<tr><td colspan="2">压岁钱</td><td></td></tr>
<tr><td colspan="2">父母平时给的钱</td><td></td></tr>
<tr><td colspan="2">卖废品、旧玩具的钱</td><td></td></tr>
<tr><td colspan="2">其他来源</td><td></td></tr>
<tr><td colspan="2">合计</td><td></td></tr>
<tr><td>理财方式</td><td colspan="2">如存在家里、存到银行、爸爸妈妈帮忙投的理财产品等</td></tr>
<tr><td>本月可用额度</td><td colspan="2"></td></tr>
<tr><td rowspan="2">记账</td><td>支出(项目、金额)</td><td>收入(项目、金额)</td></tr>
<tr><td></td><td></td></tr>
<tr><td>月底的余额</td><td colspan="2"></td></tr>
</table>

时间管理表

根据这 4 个原则，来拟定一份学习规划吧！

时间	任务	预计完成时间	实际完成时间	是否完成
周一	任务 1			
	任务 2			
	任务 3			
	任务 4			
周二	任务 1			
	任务 2			
	任务 3			
	任务 4			
周三	任务 1			
	任务 2			
	任务 3			
	任务 4			
周四	任务 1			
	任务 2			
	任务 3			
	任务 4			
周五	任务 1			
	任务 2			
	任务 3			
	任务 4			

时间的小脚印

——孩子的时间规划表

目标规划的 4 个原则	
克服拖延症，最根本的在于学会规划时间。规划要体现以下原则：	
1. 具体	目标、任务要明确而具体，便于操作，比如可以定为“背半小时单词”，而不仅仅是“学习英语”。
2. 可度量	目标要可以量化，比如：**两小时**内完成作业，才可以看**半小时**电视。
3. 可实现	目标不能过高，孩子在付出努力后可以实现。
4. 有时限	有具体的时间限制，几点到几点要清楚、明白。

扫码回复“好父母”即可
下载全套家教表格

孩子的新优点

没有一个孩子的优缺点是永远不变的！请爸爸妈妈根据孩子的成长变化，随时补充孩子的优点哦！

1.	6.
2.	7.
3.	8.
4.	9.
5.	10.

感恩小写作

孩子的 10 个优点

家长普遍存在的问题之一是，容易忽略、无视、忘记孩子的优点。无数事实已经证明了“赏识教育”的重要性。所以——

第一，请家长拿起笔，写下孩子的 10 个优点，或者让你骄傲的瞬间，抑或是感动的时刻；

第二，可以贴在你发脾气时能看到的地方；

第三，如果孩子克服了一个缺点，也要记上哦，知错就改，是最大的优点！

1.	6.
2.	7.
3.	8.
4.	9.
5.	10.

编码	新增加的游戏内容

使用说明

请爸爸妈妈根据孩子的成长情况和近期表现，补充需要沟通的话题吧！让孩子也提出一些话题选项哦，沟通是相互的，孩子也需要被尊重。

绿色行动

爱与绿色 牵手的一家

——和孩子做个小游戏吧！

游戏人	孩子＋爸爸＋妈妈
游戏方式	准备一个骰子（或者抓阄），孩子首先开始扔骰子，点数是几，就回答第几个问题；然后是妈妈、爸爸。 嗯，家长不要忘了准备点小礼品，作为完成任务的奖励哦！
游戏内容	①讲一件最近让你最不快乐的事； ②讲一件最近你觉得自己做得最好的事情； ③对你周围的一个人做出评价； ④今年你最希望得到什么（最多 3 个）； ⑤你对自己有什么不满意的； ⑥哪件事，你努力了，但是成效不大。 （具体项目可以根据情况自行调整，目的是父母能和孩子增加沟通，更了解彼此）

使用说明

让家庭“绿色常驻”、减少“警告色”，沟通十分重要。沟通的方式有多种，最好的方式，是在游戏中交流，在不经意间进行情绪引导。

旅行中你印象最深刻的事情是什么?	
回家了……好累啊……可是，美好的旅程，你就不想总结一下吗? （写一篇旅行作文；或者整理一下旅行中拍摄的图片、视频，甚至可以制作一个 PPT）	
其他情况（可以自己添加哦，比如旅行中的小问题、小困惑）	

在这里贴上照片或者画一幅旅行画吧

孩子的旅行日记

家长请注意，这个表的使用方法是：

第一步，完全交给孩子！最初的设计流程，完全让孩子操作，家长不要干预。

第二步，根据孩子拿出的旅行方案（攻略），开家庭会议，民主讨论。家长可以参与决策，甚至否定，但要讲清楚理由，说明孩子方案的不足之处。最终，全家人共同确定哪些方案保留、哪些删除、哪些调整。

第三步，执行旅行方案，其间可以根据实际情况调整。

目的地在哪里？ （查查地图，看看它在地球上的位置吧）	
那儿是什么气候？天气如何？	
要带哪些旅行必需品？ （列个物品清单，准备好了的就画个对号）	
目的地离我家多远？	
准备怎么去？会用多长时间？ （火车？汽车？轮船？飞机？走着去？骑车？）	
详细列出日程：旅行的每一天，我们都玩些什么？	
那儿说什么语言？用什么货币？	
那儿的人有什么特点？喜欢吃什么？	

尼尔森的三个奖赏教育原则

来看看布拉德老师是怎么面对“有脾气”的孩子的。

这是心理学家简·尼尔森曾经引述过的一个例子，布拉德老师的处理方法十分经典，值得学习。

布拉德老师比较欣赏尼尔森的一些理念，比如在奖赏方面，尼尔森提到的三个原则：

- 把握时机
- 争取让孩子合作
- 相互尊重

他很好地做到了这三点。但最初，他对一个名叫杰森的孩子，是十分头痛、差点爆发了的。

杰森是个典型的“暴脾气”，火气极大，经常在课堂上咆哮。

老师努力克制了自己的冲动，没有在课堂上和这个孩子产生冲突。在一次孩子犯错之后，老师没有当场发作，而是让他放学后到办公室来。

毕竟隔了一段时间（这也算是“积极的暂停”，让自己跳出负面情绪），老师的心情已经平复下来了。

一见面，老师的态度令孩子诧异——这也是很值得家长们学习的一点。

他说，首先感谢你放弃放学后的宝贵时间留下来，和老师交流问题。

男孩感到意外，于是“礼尚往来”，承认自己在课堂上咆哮不对，向老师道歉。

达成和解之后，老师说：“咱们能否一块商量一下问题的解决办法？”

男孩显然还没有做好准备——事实上他也不知道该怎么做，周围的人大概已经给了他“性格天注定”的强烈暗示。他说：“别的同学总是惹我生气，我总是忍不住。”

这时候，就很考验老师的能力了。记住，最好的办法是帮孩子卸掉心理负担，让他把自己身上的“暴脾气”标签取下来。老师又说了一句出乎他预料的话：“我很理解你的感受，有时候我也是被别人气坏了！”

这么有涵养的老师，也会被别人气坏吗？这已经引发了男孩的好奇心。这同时也是一种心理暗示：脾气暴不是天生的，不是不可改变的，谁都会有脾气，不止你自己。

——这是在努力帮孩子“摘标签”。

光有这种努力，是不行的，还需要技巧。老师教了他一个办法：当一个人发脾气的时候，身体会有很大的反应，你注意到了吗？比如，肩膀会变得坚硬，肚子里面甚至会有硬块似的东西！下次，等你再发脾气的时候，我们一起注意一下身体的反应，好吗？

——这是个很重要的技巧，叫作“情绪控制力”训练。

有的人不仅把这种训练用在发火的时候，甚至用在培养孩子入睡的时候。有个小孩不太容易入睡，妈妈告诉他：“当你上床的时候，你的大脑在想各种事情，可你的身体却很想入睡，怎么办？这时候，你可以学着把注意力从大脑慢慢转移到自己的肚子上，人的肚子不会思考，它很平静，只有轻微的起伏……这么想着想着，你就睡着了。”

这种注意力训练有时对成年人也管用：把注意力从大脑转移到腹部，有助于入睡。

布拉德老师告诉男孩的这个技巧，也是“注意力训练”的一种：发火的时候，把注意力转移到身体的某个部位，看看自己身体的强烈反应，人的怒气就比较容易平息下来。

男孩忍了 5 天，终于又发了一次脾气。男孩忘了那个小技巧，老师把胳膊放在他的肩膀上（肢体语言很重要，让孩子不是感受到敌意，而是关心），说：“你有没有注意到身体有什么反应呢？”

男孩得到提醒，开始关注身体出现的变化，怒气很快消了。

显然暴脾气不是一次就能根治的。此后几次，老师循序渐进地引导他，并批准他：如果有了脾气，想发作，可以不经老师允许，自己到课堂外边。在外边又如何呢？老师教他：“你试着从 0 数到 100，看看怒气能不能消，或者你自己想别的办法，让自己消气……”

这的确是需要毅力的。在老师的努力之下，几个月之后，男孩的脾气好了很多。家长也可以学学布拉德老师的做法，只要有毅力，一切皆有可能，“暴脾气”孩子完全可以变得彬彬有礼。

4 和孩子发生冲突时，按下“积极的暂停键”最安全

你上一次和孩子发生冲突是在什么时候？原因是什么？

很多人的答案惊人的一致。不少家长和孩子发生争吵的频率，甚至能保持一周一次或者多次——这可不是什么值得表扬的事情。即便你属于“过度控制型”家长，也要学着控制自己，而不仅仅是控制孩子。

原因也很让人无语，有不少竟然是因为孩子考试成绩不好。研究表明，一个班级的同学中，将来成就最大的，往往不是经常考第一的学生，而是第 5 到 15 名左右、排名中上的学生。

为什么呢？考试成绩，存在“边际递减效应”，考到 90 分，孩子可能付出了“八成精力”；要想从 90 分考到满分，别看只有 10 分，却需要再付出一个“八成精力”。换句话说，为了从 90 分到 100 分，孩子的付出要成倍增加。

假设有两个资质相同、效率差不多的孩子，每天复习两小时，都可以考 90 分，现在，他们把目标调整一下：

A 孩子的目标是满分，为了达到这个目标，他每天要复习四小时；B 孩子的目标还是 90 分，依然每天复习两小时，把另外两小时用来做科学实验，或者是其他自己喜爱的一项特长。

毕业的时候，A 孩子如愿以偿考了 100 分，拿到了第一；B 孩子考试依然是 90 分，成绩中等偏上，但在其他特长上，也拿到了一个 90 分。

——你说，到底谁收获大呢?

你愿意让自己的孩子苦哈哈、疲惫不堪地只拿一个 100 分，还是游刃有余、松弛有度地拿两个 90 分呢?

道理很简单，但一旦事情落到自己孩子身上，很多家长就不淡定了。不淡定怎么办?记住心理学家们比较推崇的一个概念：积极的暂停。

我们一个惯常的思维（尤其生气、发火的时候）是，问题不能过夜，我必须和孩子理论清楚，把这件事情彻底摆平！这件事情搞不定，一家人都别睡觉，饭也别吃!

心理学家表示很尴尬：希望你的拖延症不是通过这种方式治愈的。

如果你处在这种状态之下——不把问题说清楚，谁也别想吃饭——显然，你已经发怒了。不管来自高精尖实验室的心理学家，还是街头 10 块钱一次的算命先生，只要善良，他们都会提醒你：愤怒的时候，不要做任何决定。

如果，这次发怒还是因为孩子，那这句话还需要修改一下：

不仅“发怒的时候不要做任何决定”，甚至，连话都不能说，哪儿凉快哪儿待着去。

除非你多次尝试，认为宣泄对自己确实有效，否则的话，我还是建议你按下“积极的暂停键”，对孩子说：“好吧，我想我们现在都需要到自己的房间内，安静几分钟。”

说实话，对经常发脾气的家长来说，第一次按下这个暂停键是很困难的。

怎么办？

办法是：给自己一个信号。

前面讲的布拉德老师“驯化”暴脾气小男孩的故事中，老师就是和孩子一起制造了一个“信号”——观察生气时身体发生的变化。男孩下一次发脾气的时候，老师一提醒，孩子的注意力马上转移到了自己的身体上，情况就有了积极的变化。

所以，这个信号，需要提前和孩子甚至是全家人一起制定。最好是在发生了一次冲突之后，比如，妈妈刚刚发了火，和孩子“酣畅淋漓”地吵了一架。

讨论之前，妈妈最好先道个歉。为什么不要求孩子道歉呢？因为妈妈在家里，属于比孩子更权威、更有权力的人物，这种大度，就让自己放低了姿态，显得比较诚恳；孩子道歉，妈妈即便选择原谅，但因为孩子处在“权力链条”的末端，家长潜意识里也会觉得“本该

家教专家谈

我建议所有的父母，不要太看重孩子的考试分数，尽管它是一个暂时无法改变的事实；而应该更多地去关注孩子的思维能力、学习方法，尽量留住孩子最宝贵的好奇心。

不要用分数去判断一个孩子的优劣、好坏，也不要以此为荣。

——赫伯特·斯宾塞

如此”。

可以相信，妈妈的初衷都是对的，多数情况下，争吵的起因，道理都在爸爸妈妈这一方。可是，一旦引导、教育成了争吵，错就不单纯在孩子这边了。

妈妈首先道歉：“昨天我和你争吵，态度不好，向你道歉。”

这时候，孩子往往会觉得诧异，高冷的妈妈怎么忽然变脸了呢？家长一道歉，孩子也跟着诚恳道歉、皆大欢喜的局面，还是比较少见的。此时，双方应该坐下来“和平谈判”，但不是谈昨晚的问题——注意，这很重要！

过去的问题不要再提，现在的主题是：我们能不能商量出一个办法，让我们在彼此或者有一方生气、将要发怒的时候，克制住怒气，到自己的房间里冷静一下？

不管孩子会不会提出各种异想天开的花样（当然，有的话必须支持），家长一定要有自己的方案，制作出合理、醒目、有效的“信号”。

比如，和孩子共同制作两个贴画，一个画上笑脸，一个画上哭脸。孩子的房间和爸妈的房间都放上一个不干胶挂钩，平时挂上笑脸，一定要醒目一点。双方即将爆发争吵的时候，看到笑脸，脑子里面就会意识到——“这是我的暂停键”。此时，生气的人可以去把笑脸拿掉，挂上哭脸，闭上房门，自己在房间里冷静一下。

这种信号，就跟布拉德老师和小男孩约定“观察生气时身体的反应”一样，必须提前约定好，让大家都知道它的含义；同时要比较醒目，关键的时候能起到提醒作用。

另外，“照搬照抄”布拉德老师的建议也是不错的：你也可以和孩子做这个约定，在他发怒的时候，让他关注一下身体的反应，甚至去照照镜子——很多人会大惊失色：生气的时候居然这么丑！

家长要学会找到并关闭“怒气按钮”

几乎每一次冲突，都有一个“导火索”。很多家长事后也想不明白：当时我究竟怎么了？不就那么点小事吗，为什么发这么大的火？

冷静下来之后，你可以和孩子一起做一件事：找找生活中的“怒气按钮”。

如果率先发火的是孩子，就更有必要让孩子找一找了。注意：不能让孩子自己找，家长也要陪着找；孩子找孩子的“怒气按钮”，家长找家长的“怒气按钮”。要各自反省，而不是“帮孩子找”——那会让孩子产生敌意，因为这等于你默认他“容易发火”。

孩子找不到的话（他一开始还不善于反省），家长可以先写下自己的“怒气按钮”（一定要写下来，挂墙上最好），比如：

- 楼下装修让我烦躁
- 做饭做晚了
- 工作不顺心

……

孩子当然也有了：

- 被别人嘲笑了
- 考试没考好
- 老师或者班长处理事情不公平

……

可以列出很多项。列完不等于结束，还有下一步：怎么关闭这些“怒气按钮”？

普通家长可能很难自己找到合适的办法，心理学专家给我们提供了一个思路，可以和孩子一起回答下面这些问题，并写下来，下次再遇到的时候，争取将问题解决：

- 你刚才列的这些“怒气按钮”中，有哪些通过一个场景就可以解释？是什么场景？
- 哪些“怒气按钮”代表着你需要解决的问题？你会先解决哪一个？
- 你有没有试着把惹你生气的事情说出来？如果能说，你会告诉谁呢？（实在不行，告诉“树洞”也行）
- 列出可以让你平静下来的5件事，并在“怒气按钮”即将按下的时候，照着去做。

5 拥抱孩子，是化解教育愤怒的有效手段

专家的一些说法，在你第一次听到的时候，可能是怀疑的，甚至是排斥的。

比如，孩子犯了错，我为什么不能发火？如果我不严厉一点，孩子能记住、能改正吗？

即便你有所怀疑，在冲突即将爆发的时候，也要告诉自己：冷静，再冷静；专家的话，如果不试，怎么知道对错呢？

一位爸爸在儿子大发脾气的时候，就是这么做的。儿子发火，引爆了他的怒气，一时间气冲斗牛，马上就要爆发。好在，在这“千钧一发”的时刻，他想到了专家的话，“不妨试一试，万一呢？”他想。

于是，他忽然对着儿子，来了一个单膝跪地（拜托，不是叩头，主要是儿子个头小），语气略带生硬地说：“儿子，爸爸现在需要一个拥抱！”

小家伙被吓傻了，如果他的人生阅历再丰富一点，肯定会想：“坏了，我是不是把老爹气出毛病来了？”

“你说……什么？”儿子依然在抽泣。

“爸爸需要一个拥抱！”

“现在吗？”儿子沉默了差不多半分钟，才说。

“就是现在。”如此低姿态的爸爸似乎也不再那么满面怒容了。

儿子于是“很不情愿”“礼节性地”给了爸爸一个拥抱。

“谢谢。”爸爸说。

儿子似乎有所触动，说：“我也一样。”

这是发生在国外一个家庭的场景。对中国爸爸来说，单膝下跪、求拥抱，似乎困难了点。但全人类的拥抱是一样的，你也可以在儿子发怒的时候轻抚他的肩膀，如果他不愿意面对你，就从背后给他一个拥抱。他的情绪会缓和很多。

记住：冲突发生的时候，一定避免和孩子正面对视，这很容易被解读为带有攻击性。侧面、背面的轻抚、拥抱，则是另一种肢体语言，它告诉孩子：

“虽然爸爸（妈妈）现在控制不住自己，对你发了火、和你吵了架，但爸爸（妈妈）内心是爱你的。”

如果孩子因为情绪激烈而拒绝，不要强求，可以等他情绪稳定下来再说。试过就会知道，拥抱——一个看似简单的肢体语言，的确胜过千言万语，能让孩子逐渐平静下来。

家教专家谈

拥抱能营造出一种鼓励的氛围，从而使孩子变得愿意而且能够接受指正了。这可以成为最好的时机，用来训练孩子，或者问启发式问题，或者给出有限制的选择，来共同解决问题。

——简·尼尔森

如果实例不能说服你，我再来跟你讲讲“原理”。是啊，拥抱为什么能让人平静下来？

在某些特定条件下，人的体内会产生一些物质（比如血清素、催产素等），这些物质有镇定功能，能起到安抚的作用：乖，不要激动，放心好了，没事的……

情绪激动、暴躁不安的时候，来一个大大的拥抱，会刺激大脑分泌更多的催产素（这种物质听上去和女性生育有关，其实男女都有），让人镇定、心安。

斯宾塞居住的镇上，有一座孤儿院。孤儿们整天病恹恹的，毫无精神，有的还食欲不振。院长以为孩子们病了，找来医生，却查不出任何问题。后来，他想到了斯宾塞。

斯宾塞想了一个办法：从附近学校找来一批十几岁的、活泼阳光的小女孩，和孤儿们一起玩耍。

女孩们一来，情况立马变了。她们活泼好动、爱逗小孩子玩的天性暴露无遗，在院子里对孤儿们又是拥抱又是亲吻，孤儿院顿时热闹起来。

女孩们成了我们今天常见的“志愿者”，她们每天下午都去孤儿院待上半小时，周末甚至待上大半天。

没多久，孤儿们的“症状”全部消失了。院长很惊异，问斯宾塞：“你是怎么想到这个办法的？孩子们到底怎么了？”

斯宾塞回答：“如果说孩子们患病了，那患的也是‘皮肤饥饿症’。这种病食物、药物都治不好，解决的办法只有一个——爱抚。

长期缺乏爱抚，孩子们就会出现发育不良甚至智力衰退等情况。”

斯宾塞提醒家长：拥抱、抚摸、牵手，也是教育的一部分。试着对孩子多一点拥抱、抚摸，或者亲昵地拍打几下，都会产生令人意想不到的效果。

美国育儿专家威廉·西尔斯则干脆建议家长，在孩子还在襁褓之中时，可以“把孩子穿在身上”。办法很简单：从宝宝出生后的几个星期开始，把宝宝包在专用的三角吊带中，将其挂在怀里。

西尔斯自1985年起，开始研究“把宝宝穿在身上”对孩子的影响，事实证明，父母“把宝宝穿在身上”的时间越长，孩子就哭得越少。

你或许会说，中国的家庭一向比较保守，不习惯这种西方式的拥抱。

这里可以用莎士比亚的一句话作为回答：

“如果你没有某种美德，就假定你有。”

莎士比亚不是心理学家，但这句话就是一种心理暗示。你脾气很暴躁，即便克制住自己，也不可能去和孩子拥抱，那么你首先要做的事情就是——假定自己是一个彬彬有礼的谦谦君子。

发怒的时候，努力去想这一点：我虚怀若谷，我谈吐优雅，我从不发火……

摘掉孩子身上的“坏标签”

从现在开始，把贴在孩子身上的所有标签，全部摘掉！什么“爱发火”“熊孩子”“太淘气”“拖延症”“挑食者”……统统扔掉！

这很重要。

即便他现在明明在拖延，也不要这么说，可以引导着他自己做决定：“今天你打算几点睡呢？早点睡，明天出去踏青好不好？”

要结合生活中的细节，不断给他制造“家庭中的美誉度”。比如妈妈说孩子的床很乱、没有整理的时候，爸爸可以岔开话题：他自理能力强，可能是等着自己整理，不想麻烦我们。

“给孩子一个好名声”的方法很简单（当然，前提是不能给孩子虚假的名声，不能“沽名钓誉”）：

多关注他的优点，而不是缺点。

美国心理学家斯奈德·沙恩·洛佩斯有个习惯，只要是前来咨询的家长，他都会问一个问题。被提问的家长多达数百名，结果很让他失望：

如果问孩子的缺点，家长张口就来；如果问孩子的优势，家长的回答就慢得多。

从数量上来讲，家长说起孩子的缺点，内容很丰富；说起孩子的优点，却干巴、枯燥，内容很少。

现在，请拿起一张纸、一支笔，5 分钟内，写下孩子的 5 条优点。

能做到吗？

什么是全球

全球视野　从小构建孩子的人生格局

该怎样养育孩子？同样的问题，中国和西方的差别甚大。有时候，我们的确需要“全球视野”。

很多年前，在法国北部的勒阿佛尔，一对父母将要外出，对年仅 4 岁的女儿说：“宝贝，我们得出去了，记得照看好小家伙们。”

4 岁！父母居然放心地让她和弟弟们待在家里，并且让她“照顾小家伙们”！

这一幕虽然令中国人诧异，但也并不奇怪。这个女孩名叫克里斯蒂娜 · 拉加德，后来成为国际货币基金组织总裁。

小时候父母的“放手式教育”，和她成年后干练、成熟的气质，真的有某种内在关联吗？

1 为了节水，女儿哭了

有一段时间，女儿回家，天天想办法节约用水。比如，为了节约淋浴时的用水，她会在脚下放上几个小盆。

我担心安全问题，想给她拿走，她一着急，竟然哭了起来："你知道非洲的儿童在喝什么水吗？"

我不知道老师施了什么"魔法"，但我知道，非洲缺水、贫困的景象，一定深深打动了她。

关于非洲，还有另一个故事，同样打动人心。打动之外，作为家长，我想更多的，是反思。

2006 年 4 月，美国宾夕法尼亚州，一个 5 岁的小女孩，正在沙发上看电视。

她看的不是动画片，而是纪录片。

妈妈忽然看到女儿一个奇怪的举动：她开始数数——准确地说，是在读秒，"1，2，3，……30！"

忽然间，她哭了："妈妈，又一名非洲儿童死掉了！"

原来，她刚刚看的，是一部介绍非洲疟疾肆虐的纪录片。纪录片用画面记录了疟疾的残暴：平均每 30 秒钟，非洲就有一名儿童死于疟疾。

“我们可以为他们做点什么吗？”女孩哭着说。

想想，如果你是女孩的妈妈，这时候，你会怎么做？

先不说这个美国妈妈是怎么做的，来看看几天之后出现的一个小状况。

女孩上幼儿园，学校每天提供一次小点心，但不是免费的。妈妈每天把钱交给女儿，女儿再交给学校。

幼儿园老师打电话给妈妈说：“你女儿已经好几天没交点心费了，出什么岔子了吗？”

——这时候，如果你是女孩的妈妈，又会怎么做？

针对这两个问题，我们来看看这位美国妈妈的答案。

当女儿忽然关心起万里之外的非洲儿童，并因此哭泣时，妈妈并没有说她“管得太多”，更没有冷嘲热讽。

美国妈妈很热情地陪孩子上网、查资料，看看有什么办法可以对付疟疾。后来发现，最简单、最有效的办法就是蚊帐。倒也不贵，平均10美元一个。10美元，却是非洲家庭无法承担的一个数字！

同情心，人皆有之。这个美国妈妈也一样，到此为止，便没有

家教专家谈

孩子的内心世界就像一个藏满秘密的盒子。在这个盒子里，有动物、有人物、有梦境、有情绪，杂乱无章地塞在里面。如果不经常打开来看看，有一天你不经意地打开时，也许会从里面跑出一只老鼠来，吓你一大跳。

——赫伯特·斯宾塞

什么动作了。

几天之后，老师打来的电话，吓了她一跳：钱明明给孩子了，为什么没有交给老师？怎么回事？

先入为主的判断，一定会把事情搞得很糟。不少家长脾气急躁，一发生这种情况，就认定孩子“贪污”或者买了别的玩具，气急败坏一通批评，孩子连辩解的机会都没有，甚至他都不想辩解了。

如果家庭形成了这种氛围，很危险。因为孩子可能面临无法和你正常沟通的问题，他知道说了你也不信，干脆不说。

美国妈妈比较轻松地了解到事情的真相，因为这个家庭的氛围是坦诚的，沟通不存在障碍；妈妈即便问女儿“钱到哪里去了”，女儿也并不认为这是对自己的质疑和不信任，坦率地回答了。

——做到这点，其实很难。

女孩是这样回答的：

“如果我在学校不吃点心，把钱攒下来，也不买零食、不买芭比娃娃，够买一顶蚊帐的吗？”

妈妈感动之余，发动全家帮孩子出售废旧衣物等（注意，并不是妈妈直接给她钱让她捐助，那种爱心太廉价；而是让她自己挣钱去捐助），攒够了钱，去购买蚊帐，捐给非洲。

女孩名叫凯瑟琳·考迈，她先是自己做公益活动，后来发动无数人加入到了“给非洲儿童捐蚊帐”的活动中来，包括比尔·盖茨、贝克汉姆等人。

爱，不分远近

如果女孩看电视的情景发生在你的家中，会怎么样？

我们不妨问问自己：

如果你的女儿看电视的时候，开始哭泣，你会怎么说她？

如果你的女儿交给老师的点心费“失踪”了，你会怎么办？

如果你的女儿想要给非洲儿童捐蚊帐，你是什么反应？

如果你的女儿写信给贝克汉姆、比尔·盖茨，要求他们捐款买蚊帐，你会支持她吗？

每当我提到这些，家长总有两种回答——

一种是：别跟我们讲这些大道理，热爱地球、关爱人类，谁不懂呢？可身边有谁真心去做呢？何必要让孩子出头，让他变得像一个“傻子”？

对这种观点，我只能用前面曾经说过的一句话回答：只有你敢于优秀，你才会真的优秀起来，孩子更是如此。敢于去做，这是第一步；敢于优秀，这是第二步。

另一种是：我连自己都顾不过来，身边的人还不够我照顾的，哪有心思去关心遥远的非洲?

这一种，我只能用一个故事来回答。

有一个村子广泛种植苹果树，家家户户都有。常年种苹果树，村里的人认真钻研，出了不少“土专家”。

一位“土专家”经过多年研究，培育成功了一个优良的苹果品种。这个品种的苹果，不仅个头大，还又脆又甜。不少人认为“土专家”会严格保护自己的研究成果，防止他人窃取。没想到，他却把培育成功的树苗，挨家挨户地送给邻居们。

很多人不解。干吗这么无私啊?

他回答:“我这么做不是为了他人，是为了自己。”

啥?我没听错吧?

“是的。因为，如果村子里只有我种这个品种，其他人依然在种老品种，那么，随着花粉的传播，我的果树会退化，苹果的质量必然会下降;如果大家都种了，这个品种就保住了……”

原来如此。

这告诉世人一个最简单的道理:爱别人，就是爱自己，不分远近。

2 让孩子找到生命的意义

你有没有想过这个问题：为人父母，最重要的，是教会孩子什么？

每个人都有自己的答案。在我心中，答案是这样的：

最重要的，是要让孩子找到生命的意义，学会处理生活中的烦恼，学会享受生活中的快乐。

这是一个只能打60分的答案，真正做起来，却很困难。很多孩子，越长越大，头脑从混沌到聪明，对生命意义的思考却越来越含混，更不知道如何处理生命中的烦恼，生命让他感受不到快乐，人生仿佛只是一种消极、悲观的存在。

烦恼，以及令人烦恼的事情，真的就那么重要吗？

有人曾经接受心理学家的建议，把最近自己所有烦恼的事情，全部写在一张纸上，放进抽屉里，不去管它。两个礼拜之后，再把纸条拿出来一看，两周之前很让自己烦恼的事情，大部分消失不见了。如果还有，可以把它再写在纸条上，两周之后再看——所有的烦恼，都自动消失了。

时间是解决所有烦恼的良药。当时看起来几乎迈不过去的坎儿，在几年之后，很多人会笑着说出来，感慨自己那时候怎么那么想不开。

心理学家荣格说过这样一句话：

“我的病人（心理疾病患者）中，有三分之一在医学上都无法找到任何病因，他们只是找不到生命的意义，而且自怜。”

“生命的意义”，这句话听起来很空洞，却是我们在进行子女教育时，不得不面对的问题。

甚至可以说，从小到大一辈子，一个人能遇到的几乎所有心理问题，都是因为“找不到生命的意义”引发的。

父母养育孩子的过程，就是孩子从“被动接受”到“主动寻找”的过程。小时候，他的生命、生活、人生，都是被父母或者学校、社会安排好了的，他缺乏自主权，只能被动接受。但这个过程早晚要变，孩子迟早会变成一个独立自主的人——那时候，他开始了“主动寻找”，自己安排自己的生活，自己去寻找生命的意义。

不可否认，孩子的后半段，由前半段决定；他“主动寻找”的能力，来源于“被动接受”阶段的锻炼。

很多家长意识不到这一点，或者说，他们不愿意面对自己终将老去这个残酷的现实。他们认为，只要自己把孩子的一切都安排好，孩子就一定会好好的。

这只是一厢情愿。一个只会“被动接受”，没有学会“主动寻找”

的孩子，会逐渐陷入无助和迷茫。这个无助期、迷茫期，是一个过渡阶段——就像一条水很深的河。

有的人游过去了，从一个饱受溺爱的孩子成了完全自主的人，脱胎换骨；有人却游不过去，甚至溺亡。

心理学家阿德勒曾经接触过一个例子。一个男孩出生在单亲家庭，大概是出于“失去了父亲”的补偿心理，母亲对他极其溺爱，导致他在成年后无法有效地融入社会，出现了比较严重的心理问题——用我们的话来说，他在从“被动接受”阶段向“主动寻找”阶段转型的时候，掉进了那条深水河里。

他差一点被溺死，因为他曾经企图自杀。不过，在用冷冰冰的手枪指着自己脑壳的那一瞬间，他忽然之间“开悟”了：我凭什么要因为母亲而自杀？过自己的生活不好吗？

他收起了手枪，走进了心理医生的诊所。这一切似乎发生在一瞬间，其实在他的潜意识中，两种观念已经斗争了很久，所幸他终于走了出来。

家长的习惯性思维，就是维护孩子的利益，不想让自己的孩子吃亏。那些周末去社区做志愿者、捐款、看望福利院老人的举动，在

家教专家谈

孩子在家里应该感到是同等权利的一分子，并且对父母、兄弟、姐妹越来越感兴趣，进而其他人也一样。因此在很早的阶段他就不再是负担，而是一个（家庭里的）合伙人。他很快就会感到自在，继而进一步发展出“与环境接触”的勇气与信心。

——阿尔弗雷德 · 阿德勒

有些家长眼中，很傻。

结果如何呢？就是逐渐让孩子养成了“一切为了自己”的价值观。这种价值观之下，孩子会出现两种问题：

第一种：如果孩子一切都得到了满足，这种满足感会让他感觉到生命的无趣、无意义；

第二种：如果孩子的需要得不到满足，他会仇视他人甚至仇视社会，更遑论生命的意义了。

无论如何，结局一定是不好的。像上一节的凯瑟琳那样，关心遥远的非洲儿童并付诸行动，从子女教育的角度来讲，就是进一步让孩子知道：自己的价值在哪里、生命的意义在哪里。

明白了这个，孩子就不会迷茫，不会失去方向。

注意培养孩子的阳光心态

“被动接受”阶段出现的各种问题，如果不及时解决，在孩子的“主动寻找”阶段，就会爆发。

所以，成年人的心理疾病，事实上很多是童年造成的。在孩子小时候进行合理引导，也就能有效地避免成年后出现某些问题。

为了说明这一点，我们需要从一些成年人的案例中，寻找答案。

著名心理学家阿德勒有一个治疗抑郁症的办法，叫“14天治愈方案”，号称14天就能把抑郁症治好——前提是完全按照他的要求去做。当然，抑郁症患者的情况十分复杂，真正的效果未必如此乐观。

但阿德勒的治疗理念，还是令人推崇的——要求患者坚持每天为其他人做一件好事。坚持做14天，症状消失。

当然，有人是不信的，尤其那些重度抑郁患者。

他们最爱问的一句话是：“凭什么要我替别人做事情？有谁为我考虑过？”

对这样的病人，阿德勒的回答只能是：“看来你可能需要21天才能治愈。如果你实在不愿意替别人做事情，那想象一下也可以——如果你心情很好，想要替别人做点什么的话，你会选择做什么？”

阿德勒的确是心理学大师，很懂“心理暗示”的作用。那些不愿意去为别人做事情的，他鼓励他们去“想象”（暂时不用付诸行动）。这种“想象”，也会有类似于心理暗示的效果，从而让病人走上改善之路。

一个从来不愿意付出、不愿意为别人做事情的人，迈出第一步的确很难。因为在他主动做之前，他会拼命问自己：“为什么？我干吗要去做？对我有什么好处？”这时候，“想象”就是一种力量。在他的潜意识里，会逐渐形成一种“医生说帮别人做事能治愈抑郁症，或许那也是真的，不妨一试”的心理暗示。

而他一旦真的行动——比如只是帮别人捡起一件东西——之后，轻松、愉悦的感觉会扑面而来。他会知道：做好事，很多时候，只是举手之劳，自己并没有任何损失；对别人而言，这也不是什么大事，但他会给你一个灿烂的笑脸和“谢谢”，人际关系瞬间美好了起来。

美好的人际关系，世界充满善意地看你——这才是抑郁症患者走出抑郁的根本原因。

孩子也一样。有心理问题的孩子，根本原因在于“内心缺少阳光”，需要在他的人际关系中注入善意和美好。仅仅来自父母、家人的善意和美好，是他很难有所触动的；来自陌生人的善意、阳光，才会让他对世界的看法真心发生转变。

如何寻求来自陌生人的善意和阳光呢？很简单，替他们做一件好事，即便微不足道，人际关系的阳光也会扑面而来，扫除抑郁。

不仅抑郁，甚至恐惧等负面情绪，都可以通过“帮别人做点事”来解除。有一个学生问自己的解剖学老师：“怎样才能治疗恐惧？”老师的答案是："试着帮别人做点事！"

"原理呢？"学生问。

老师是这样回答的——

在人的心中，无法同时存在两种完全对立的想法。

比如，公司有一个岗位公开竞聘，你想参加，但又十分犹豫。这时候，你心中貌似产生了"参加"和"不参加"两种对立的想法，但你在考虑"参加"的时候，只会思考参加竞聘带来的问题、好处等；在考虑"不参加"的时候，则只能思考"不参加"的后果。这两种独立的想法，可以交替存在、交替思考，却无法同时在你的心中出现，否则你就"凌乱"了。

两种对立的想法，会在心中出现"排挤效应"，一会儿是"参加"排挤掉了"不参加"，一会儿是"不参加"排挤了"参加"。恐惧、抑郁等负面情绪也是一个道理，如果你的心中充满了乐于助人、赠人玫瑰手留余香的阳光，与之对立的恐惧、抑郁等负面情绪就无处容身了。

一个人，不可能既健康又不健康，一个人的心也是，它不可能既正面又负面，只能相互排挤：积极的打败了消极的，心态就是阳光的；消极的打败了积极的，心情就会抑郁。

想让孩子健康成长，就要多从陌生人那里借点阳光。阳光其实很廉价，只要孩子心中有他人，帮别人做点事。

3 培养全球视野要拒绝平庸教育——不做盲从的毛毛虫

现在，新的问题又来了——

你说的道理我懂，让孩子学会献爱心、做志愿者、关心他人，确实会让他一生受益无穷。可是，大家都忙着上补习班、应付考试，我的孩子如果去做这个，会不会显得太另类了？

我不意外。

正如优秀需要魄力，特立独行、走自己的路，也需要魄力。平庸很安全，跟在别人的屁股后面走也很安全，因为不需要选择方向。

但事实上，在孩子的成长过程中，平庸和盲从带来的安全感，恰恰是最大的风险！

法国有个科学家，名叫约翰·法伯，曾经做过一个很有趣的实验。

有一种毛毛虫，过集体生活是它们的天性。它们非常爱吃松针。

家教专家谈

教育的目的，是有一天能够不教。

——赫伯特·斯宾塞

每次外出觅食，毛毛虫们都很守规矩，跟幼儿园的小朋友一样——“手拉手”前进：一只跟着一只，排成一列往前走。大家都很信任“带头大哥”，规规矩矩，没有非分之想，谁都知道，“跟着走”是最安全的。

可是，这次它们遇到了“坏坏”的科学家叔叔。约翰把这些毛毛虫俘虏了，放到一个花盆的边缘，让它们沿着边缘行走，首尾相连，形成了一个圆圈状的队伍。

在距离队伍只有2.5厘米的地方，约翰放上了它们这次出行的目标——美味的松针。

前后相接，路很漫长，毕竟花盆是圆的，无限循环。

毛毛虫们没有丝毫怀疑，没有“虫”质疑带头大哥——事实上，随着圆圈的形成，它们每个人都是带头大哥、每个人都是追随者。

就这样矢志不渝地走了下去，直到——被饿死。科学家发现，即便它们不吃不喝、困乏已极，也没有把队伍搞乱，以完美的秩序实现了被饿死的结局。到死它们都不知道，食物就在距离它们只有2.5厘米的地方。

约翰很是感慨：“只要有一只毛毛虫不盲从，就可以改变自己乃至整个队伍的命运。可是，没有一只毛毛虫做到这一点。”

家教专家谈

今天你若能做别人不愿做的事，明天你便能做别人做不到的事。

成功从来都是没有捷径的，但它有一个秘诀，就是去做别人不愿意做的事。

——戴尔·卡耐基

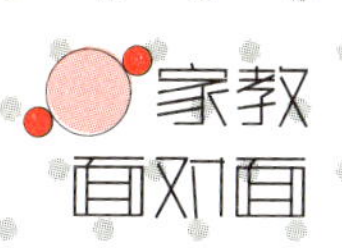

与众不同的孩子更容易成功

与众不同的孩子更容易成功，这个我懂，可孩子不懂。这个问题咋办？

说服孩子，让他敢于“不盲从”，在当前的教育体制下，难度极大，恐怕要“屡败屡试”。孩子盲从——只要不出现毛毛虫那样被饿死的危险，很多情况下并非坏事，他只是在寻找安全感而已，不能急。

但道理是需要让他明白的。道理，就是一个种子，在他长大之后，会生根发芽，甚至枝繁叶茂。

家长对孩子的每一次教导、影响，难道不是如此吗？你哪一次对孩子的教育，能立竿见影？教育就是播种，成效或许几十年后才会显现。

首先要给孩子种下一颗种子，要让他知道：有自己的想法，特立独行，不是坏事；盲从反倒才是危险的。

孩子的理解能力有限，看到班里一个同学“与众不同”，思维方式不同于常人，最常见的做法，就是孤立甚至嘲笑他。

这样的结局不会很美妙。或者，那个特立独行的孩子自尊心受到打击，也变得顺从甚至盲从，优秀的潜质被扼杀，从此成了一个平庸的人；或者，他人格较为完善，受到了父母的合理引导，并不在乎同学们的目光，从此变得更加优秀——那时候，他真的就成了“别人家的孩子”了。

在观念上，要接纳特立独行，要尊重他人独立的思考，要赞美他人与众不同的思维方式，这是家长首先要做的。否则，面对一个不盲从的优秀者，他会从本能上疏离甚至排挤；而我们说过，要想让你的孩子变优秀，首先要让他学会“和优秀的人在一起”。

在此基础上，再让孩子学会独立思考，学会发散思维，避免盲从。“大家都这么做，为什么我非要和他们不一样？我会被孤立的！”当你给他讲“盲从的毛毛虫”故事的时候，几乎每个孩子都会这么想。

答案，还是在故事里——有时候，“道理”是没有用的。

很多人都知道，英国王室的王子们，有到军队服役的传统。为了顺利服役，不少王子会去军事院校就读。

达特莫斯学院是英国著名的军事院校。英国皇家海军很厉害，这所学校就是专门给皇家海军培养指挥官或者舰长的。

20世纪初，英国国王乔治五世的长子——人们习惯上称他为“温莎王子”，也在这所学校就读。那时候他年龄很小，只有14岁（这么小就到了军校，大概是为了十七八岁的时候能顺利服兵役吧）。

王子——国王的儿子，将来的王位继承人，应该能得到不少关照吧？似乎没有，因为有一天，教官忽然发现，温莎王子一个人蹲在角落里，默默地哭泣。

毕竟年龄小，在学校里很容易受欺负；即便抛开“王子身份”这一层，教官也觉得该去关心一下。

于是过去问他：“你怎么了？”

王子不肯说，哭鼻子被教官发现，有点丢人——人家只想安静地哭

一会儿。

教官追问了半天，才知道事情的原委：原来，有人无缘无故地踢了他的屁股！

王子觉得很委屈：我又没惹你们，也不是闹着玩，干吗突然踢我？明摆着欺负人嘛！

在军事学校里，学长欺负学弟，似乎是常有的事情。王子没处说理，越想越憋屈，哭开了。

教官觉得有必要提醒一下学生们，于是把争先恐后踢王子屁股的那群学生找来，不是惩罚他们（毕竟学生们闹着玩的成分大），只是想弄清楚原因：干吗无缘无故踢人家屁股，还那么兴致勃勃、乐此不疲？

学生们一开始嬉笑着，谁也不说，后来总算说出了原因：没别的，就因为他是王子，将来会成为国王。这样，当他们成了舰长之后，可以自豪地向其他指挥官炫耀——老子当年曾经踢过国王的屁股！

温莎王子后来的确成了英国国王，即爱德华八世。

温莎王子很委屈，因为别人以“踢过他的屁股”为荣，可是没办法，在学校中，他的身份最特殊，“没有人会去踢一只死了的狗”。

同样，一个特立独行的人，也会受到很多的“关照”，各种讽刺、嘲笑，会扑面而来。而原因，只是因为特立独行者比盲从者有更高的价值，仅此而已。

4 培养全球视野更需要挫折教育

中国的学校，目前属于一种“金字塔式”结构：基础教育、义务教育的学校数量最多，高校数量相对较少，一流高校更少。

与这种结构相适应的，是孩子“竞争者环境”的变化。

如果你的孩子智商较高，从小学上到大学，他和同学们的“伙伴关系”会有这样微妙的变化：

小学、初中的义务教育阶段，因为都是划片招生，生源比较平均，智商较高的孩子在“普通孩子”中间，会显得比较突出，成绩优异；

进入高中阶段，一部分成绩相对较弱的孩子，被职业院校分流，尤其一些重点高中，生源较好（当然从大的趋势来讲，国家正在努力扭转这一局面），身边都是佼佼者，出现了高水平的竞争者，初中阶段成绩突出的孩子，会变得不太突出；

进入大学阶段，分化更加明显——尤其在北大、清华这类顶尖高校中。一个中学阶段的“超级学霸”，到了北大，却沦落为“班级末梢”，这是很多“学霸”无法接受的。

这个时候，“挫折耐受力”的考验，就开始了。

耐受力弱的学生，往往感到无所适从，自信心备受打击，心情跌

入低谷，或者甘于做“末梢神经”，也有的干脆自暴自弃、放弃努力了。

耐受力强的呢？他会实现一种“螺旋式上升”。

除了攀岩者，很少有人走“最近的路线”爬上山顶；绝大多数人，是“绕着走”，先从旁边的缓坡爬起，从这边绕到那边——有时甚至不得不走一段下坡路，绕到背后，最终爬到山顶。看看爬山的轨迹，很多都是“之”字形甚至是“绕着圈儿”的。

即便“傲娇”如北大才子，有的也是如此，比如艾力。

艾力是新疆人，考入了北京大学。由于地区教育水平的差距，让他这个“新疆学霸”到了北大之后，自信心备受打击。

大一上课的时候，这种情况对他而言，十分常见——

老师说：“这两章的内容很简单，大家都学过吧？学过的请举手。哦，这么多，那就不讲了，继续下一章。”

看着踊跃举手的同学，艾力蒙了。

简单的内容你们上高中的时候就学过，不奇怪，可是，复杂一点的呢？

依然有不少同学举手。艾力更蒙了：你们不是在吹牛吧？

可是，通过“侦查”，他发现，这些同学不仅不是吹牛，甚至有点谦虚，他们有的连这门课都不需要上了。

家教专家谈

从效果上看，学校就像是一场考试，一开始就显示孩子的合作能力。而且学校是让孩子学习社会化的第一步，让他在离开学校时，不会对进入社会有反感情绪。

——阿尔弗雷德·阿德勒

他呢？还得一步步、从头来。

这是很“伤自尊”的事情。有点“怨天尤人”的情绪，也正常。好在艾力的“挫折耐受力”惊人，他通过疯狂恶补，逐渐赶了上来；更重要的是，这种耐受力，让他毕业以后大获成功。即便他在上北大期间和同学相比没什么优势，但毕业后的他，却不输任何一位同学。

——这就是“挫折耐受力”的魅力。

怎样提高孩子的“挫折耐受力”？

标题的真正答案，可能会让一些家长不快：经历挫折，是最好的办法。摆事实、讲故事，往往很难发挥效果。杰·唐纳·华特士说过这样一句话——

明智的父母或者老师都知道，有一些课程，甚至是痛苦的教训，只能经由亲身经历来学。

换句话说，有些东西，是无法“感同身受”的，只有孩子自己疼过了，他才知道“疼”的滋味。孩子为什么怕打针？因为他“品尝”过了。

可是，如果不给孩子做点“这会疼”的心理铺垫，他一旦真的疼起来，会不会受不了？如果受了伤、流了很多血，是不是代价太大？

家长可以做的，就是思维方式上的转变：用鲜活的事例告诉孩子，成功的路不止一条，而是千万条。

中国家长在教育理念上的一大问题，就是“期盼心”太重，望子成龙，总希望孩子将来成为大人物。这不是坏事，但过头就不好了。

提高孩子的“挫折耐受力”是一个大课题，不能指望一蹴而就，但也不是没有规律可循。

最简单、最有效也最容易让大家忽视的办法，居然是——加强体育锻炼！一个人能不能以良好的心态面对挫折，往往由两方面的因素决定：第一是意志力，第二是自控力。

所谓意志力，就是能不能坚持、忍耐，有没有毅力；所谓自控力，就是在面临挫折的时候，会不会情绪失控甚至崩溃，从而做出一些丧失理性的行为。体育锻炼对意志力、自控力都有明显的作用。

除此之外，你还可以尝试一下“自然后果法”。自然后果法，就是让孩子自己承担某些错误的自然后果（当然，必须是对儿童没有什么伤害的），从而让他对错误和规则有更清晰的认识。

比如上学迟到、忘带课本等问题，妈妈可以尽提醒的义务，但不必“越俎代庖”，包办一切。如果你提醒了一次，孩子依然我行我素，你就不必再唠叨了。等他到了学校，发现在众目睽睽之下迟到的感觉很不好，“避免迟到”的驱动力就产生了。这个时候，家长对其进行合理引导（要避免以胜利者的姿态嘲笑孩子），有助于提高孩子的规则意识。

还可以让孩子尝试冒险——前提是风险适当、可控。一位父亲原定第二天和孩子去野外玩，不料第二天下起了小雨。雨后的野外十分泥泞，道路难行。父亲打起了退堂鼓：“要不咱不去了吧？”孩子却穿好雨衣、带好雨伞，坚持外出。父亲最终同意了。

结果，这次小小的“冒险”效果很好。孩子不仅磨炼了意志，还有不少意外收获。他看到了蜘蛛是怎样躲雨的，以及怎样修补破网的，甚至打算把自己看到的内容写成一篇童话。

放眼周围，你会发现这么一个规律：那些敢于冒险的人，都不怎么害怕挫折。

5 逆商培养
——挫折来得越早，损失就越小

谁不希望自己的孩子一帆风顺？你这么想，几乎所有的家长都这么想，只有心理学家不这么想。

心理学家告诉我们：挫折来得越早，损失越小；挫折来得越晚，损失越大。

明白了这一点，你就不难明白：为什么有些一帆风顺、考入名校的孩子，最终却选择自杀——为一次挫折付出生命的代价。

这既是教育孩子的一条经验之谈，即便孩子走上社会，它也是一条经验之谈："快快失败"是一件好事，因为你可以短时间内发现"此路不通"，然后转向、改道，走别的路；如果"失败"来得很晚，你就不得不付出越来越多的精力和越来越多的资本——有个名词叫"沉没成本"，说的就是这种"投入"。

人的逆商——也就是耐受挫折的商数，是很难通过"讲道理""讲故事"提高的，唯一的办法就是——让他们去试，让他们去失败。失败的多了，自然也就无所谓了，对待挫折、对待失败的心态，也就成熟了。

很多年前，纽约有一家报纸，名叫《纽约太阳报》。一天，报社的一名年轻记者，被委以重任，前去采访著名发明家爱迪生。

爱迪生那时候功成名就，他的故事也流传甚广。采访，就从爱迪生的故事开始了。记者问他："听说您现在的发明，经历了一万次的失败才成功，对此您是怎么想的？"

这个问题让爱迪生很不满意，考虑到眼前这个记者可能"逆商"比较低，他以一位长者的姿态对记者说：

"年轻人，你的人生才刚刚开始，所以我要告诉你一个很重要的道理，我并没有失败过一万次，而是发明了一万次行不通的方法而已。"

这段采访，几乎成了一个经典镜头，经常被人们引用。有人从中看到了精神的力量，认为有一种精神支撑着爱迪生。事实上，与其说有一股精神支撑爱迪生，不如说是爱迪生的逆商帮了他的大忙。

事实的确是这样：在别人眼里的"失败"，在爱迪生那儿，都不是失败，而是一次"没走通的成功"。既然这条路没法走，那就换一条，仅此而已。

如果是一个逆商很低的人，别说一万次，就是几次，可能也已经心灰意冷了：都失败这么多次了，次次都失败，我怎么可能成功？此时，他的选择便是放弃。

爱迪生的另一经典镜头，发生在他的工厂遭遇一次大火之后。

家教专家谈

成功者养成了一个习惯，那就是做失败者不愿干的事。

——托马斯·爱迪生

一天早晨，他接到一个电话，说他的工厂着火了，价值 1.2 亿美元的设备已经化为灰烬。然而，还有一个比这更坏的消息：保险公司因为种种原因，只能赔偿一小部分损失。

面对如此重大的挫折，爱迪生没有心烦意乱，反倒邀请朋友、家人一起去参观“火景”。在确认没有人员伤亡之后，他十分开心，一边欣赏“火景”，一边设想如何利用这次机会好好重新设计工厂。

这就是逆商的不同：有人面对挫折，要死要活、痛不欲生；有人如同闲庭信步，接受现实，考虑如何重新崛起。

问题只在于——逆商可以通过训练提高吗？

和孩子一起，分析遭遇挫折的原因

以色列教育学家曾经给出过这样一个公式：

成功 = 20%（IQ）+ 80%（AQ+EQ）

IQ 即智商，AQ 是逆商，EQ 代表情商。也就是说，一个人能否成功，智商只占到 20%，其他的 80% 由情商和逆商决定。

对孩子进行逆商训练，前提就是让孩子正确认识“失败”。“失败是成功之母”这样的话虽然放之四海而皆准，但孩子不容易理解。最好的办法，还是通过一些具体的实例来引导孩子。

孩子遭遇一次失败之后，起初可以只是安慰，然后和他一起想解决办法，让“问题成为自己提高的机会”。有了这样几次生动的例子，孩子对挫折、对失败的耐受力，自然而然就会提高。

重要的问题是，一定要和孩子一起，分析遭遇挫折的原因——不要把目光仅仅盯在结果上。比如最近一次考试成绩不理想，不要光盯着分数——那样只会适得其反。把成绩抛开，把试卷找来，把错题一道道理顺，通过错题发现薄弱环节，加以改进——这才是正确的做法。

当然，还可以有意识地让孩子体验挫折、体验失败。让孩子吃点苦头，没有什么大不了。小时候吃“小苦”，总比长大后吃“大苦”要强。

参加一些夏令营、拓展训练等，让孩子适当吃点苦头，对磨炼意志力、提高逆商，是有好处的。

以色列的富人经常把孩子送到一些“贵族学校”去学习——不过，这种贵族学校，和中国的贵族学校有天壤之别，学校给孩子们吃的是粗茶淡饭，男孩被要求洗冷水浴，不准盖太厚的被褥；越是风雨交加，教师们越是会让孩子们到户外活动。衣服要自己洗，而且没有洗衣机，只能用搓衣板。有时候还要自己做饭，甚至连自来水也没有——需要学生自己用扁担去挑。

——这样条件恶劣的“贵族学校”，居然让很多以色列富人家庭趋之若鹜。原因很简单：让孩子吃苦。

这些以色列人傻吗？显然不是。他们很聪明，因为他们在用“吃小苦”换取“大甜头”——当下吃点苦，和未来的成功、未来的幸福相比，不值一提。

6 家长也要有“全球视野”——学点儿西方的教育理念

家庭教育不仅是复杂的、长期的，经常还是矛盾的。

这一节就来说说那些很“矛盾”的事儿。

有些事情之所以矛盾，责任在我们自己——比如，目光不长远，局限于眼前。

学校让孩子学雷锋、做好事、做志愿者，家长很矛盾，因为这样的行为、这样的人，在社会上经常是“吃亏”的。但真的是“吃亏”吗?

心理学家的研究已经无数次表明，能替他人着想、能主动帮助陌生人的人，都是拥有感恩之心、内心十分阳光的人；这种人，几乎不会出现心理问题，他们成功的概率，远高于其他人。

那些斤斤计较、凡事只考虑自己的人，看似“聪明”，结果却很不乐观：他们患上心理疾病的概率，要高出前者许多。世界就是一面镜子，你对他人吝啬爱，世界就吝啬对你的爱；内心缺爱的人，必然是心理疾患多发的人。

即便很“物质”地谈财富、谈成功，越是自私的人，成功的概率越小，积累的财富越少。“吃小亏占大便宜”，说的就是这个道理。

目光长远一点，有些“矛盾”就不矛盾了。

但也有一些，和目光、视野无关，而来自理念、文化上的冲突。中国有一句古话，叫“贪心不足蛇吞象”，是讥讽那些贪心人的。显然，贪心不是一件好事儿。

如果有人对你说：“贪心是件好事情，做人就要贪心。”你怎么想？觉得他不可理喻？是个疯子？

如果只是说着玩儿，似乎也不算什么。可如果有人在课堂上这样教育学生，有人用这句话教育儿子，你又怎么想？

这样的事情，真实地发生了。

19 世纪中期，美国一所商业学校，老师正在上课。

讲着讲着，老师的思路就像脱缰的野马，收不住了：

“‘贪心’是件好事，每个人都可以‘贪心’。任何事情只有‘贪心’了，才会有希望！”

虽然这是美国，但如此违背常理的话，还是让孩子们一片哗然。他们从小受到的教育就是：贪心和传统的道德观念格格不入。

大家议论纷纷，一个学生却把这句话记在了心里。

若干年后，这个孩子成了商人，开始在市场中搏击。这时候他才深刻地意识到：“当年老师说的这句话，实在太正确了……（市场就和自然界一样）不会有任何的怜悯与同情，是弱肉强食、适者生存的地方，即便再文明的社会也摆脱不了这个定律。假如你不‘贪心’，那么在这个机会并不太多的世界上，机遇就会被别的‘贪心’的人抢去。”

这个学生，就是大名鼎鼎的约翰 · D. 洛克菲勒，美国超级资本家、慈善家，美孚石油公司（标准石油）创始人。

洛克菲勒把老师的“贪心理念”做了进一步的阐释，并把这些理念灌输给自己的儿子——

贪心重要而且必要

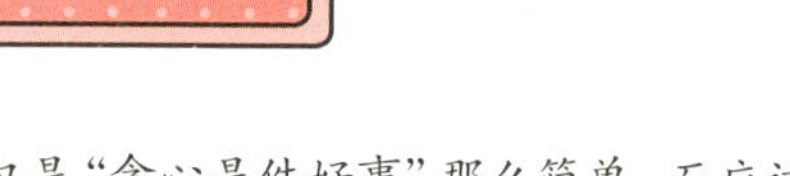

要想功成名就，不仅仅是“贪心是件好事”那么简单，而应该认定：贪心非常重要且必要！

贪心的最高境界是垄断

贪心不仅意味着更多地占有，而且，最好是独享。所以洛克菲勒经商的最终目标，是实现行业垄断。

他的石油帝国也因此引发了美国政府的警惕，最终将其拆分。从这个角度而言，洛克菲勒可谓“成也贪心、败也贪心”。

贪心可以激发潜能

洛克菲勒认为，那些标榜“不能贪心”的人，有很多是虚伪的。他们认为贪心很可怕。

洛克菲勒却不认为贪心就是“潘多拉魔盒”，反倒认为贪心可以激发人的潜能：

假如我不贪心，就不可能从一个周薪只有5美元的记录员，一跃成为现如今美国最有钱的人。正是贪心，是我有了创造财富的无穷力量；也正是贪心，推动了整个社会的不断演化和前进……

对洛克菲勒的观点，家长们大可不必太诧异，这更多的是代表了一种文化上的差异；也不必对这种观点唯恐避之不及，生怕孩子看到。我倒觉得，让孩子接触一下——比如读读洛克菲勒给儿子写的信，大有好处。

至少会让孩子明白，文化是多元的，是有差异的；我们觉得正常无比的现象，其他国家、民族的人会诧异，反之亦然。

当然，更好的办法，是把洛克菲勒的观点和中国传统文化做一个对比，让孩子先接触到这种差异，长大了，他会自己慢慢消化。

中国文化，和洛克菲勒这种"知进不知退、贪心到永远"的风格，差距明显，可举的例子很多。比如，中国文化讲究舍得——有舍才有得；更讲究退让——退一步海阔天空。这和洛克菲勒为代表的思想，有点格格不入。

虽然"不兼容"，但这两种文化不存在对错之分。你很难说谁是对的、谁是错的，让孩子都接触、了解一下，并无坏处。

家教专家谈

努力工作没有错，但最终真正算数的是工作的结果，而不是卖力与否。

——玛丽（美国汽车大王亨利·福特的母亲）

你可以和孩子一起学一首不怎么出名的诗，作者是五代十国时期的布袋和尚。

插秧诗

手把青秧插满田，低头便见水中天。

六根清净方为道，退步原来是向前。

一首很简单的诗，意思容易理解，主题是教人懂得“退步”、学会“低头”——退一步海阔天空。

在田里插秧的时候，农人一定会低着头，但秧田水面上会倒映出天空的景象，所以虽然“低头”，依然能看见天。也就是说，看天不一定非得抬头——这叫辩证法。

插秧的时候，农人要倒着走。虽然是在退步，却是在“前行”。这又是一个哲理：看上去你在退，实际却是在前行。

这是一首富有哲理的小诗。如果给洛克菲勒看了，他会怎么想？经商的时候，他如果只想着“退步”，机会就被别人夺走了；谈判的时候，如果只想着“低头”，自己的利益就会受损。显然，布袋和尚这首诗，不适合商业社会，不适用于商业竞争领域。

但如果放在生活的领域，在一些需要和谐、需要友善的环境中——比如家庭、社区中，布袋和尚的诗，又堪称人生指南。

打个比方：

洛克菲勒的理念，就好比大补的药丸，适用于竞争，能提高人的爆发力；但万一滥用，贪心变“贪婪”、补药成了兴奋剂，就会被禁赛。

布袋和尚的理念，好比清茶淡酒，适用于不牵扯利益关系的人际交往之中：大家各退一步，世界更加美好。

无论东方的还是西方的，让孩子多了解一点，拥有全球视野，没有坏处。

和孩子一块儿学学成功学大师希尔的“自我交流法”

成功学大师拿破仑·希尔的“自我交流法”，既体现了西方文化中的特色，又很实用，不妨和孩子一块学学。

有一年，拿破仑·希尔采访钢铁大王卡内基，貌似很成功。卡内基对他说，那些世界上最有钱的人，一定有自己的绝招；你可以采访100个最富有、最成功的人士，把他们的“绝招”总结出来，一定会有令人惊讶的发现。

希尔照着做了。他发现成功人士的确在很多方面有相似之处，并因此创立了“成功学”。

见过的成功人士越来越多，他自己的感悟也越来越深，最终思考并形成了一种被其称为“隐形顾问”的自我交流法。

自我交流？也有的叫作冥想，似乎西方人更喜欢玩这些玩意儿。但有时候——它真的管用。

为了锤炼自己，希尔养成了一个习惯：在每次演讲之前，想象有9位伟人出现在自己的脑海里，他们是你的“超级顾问团”；他们为了你走到了一起，来为你这次演讲（乃至整个人生）提出意见、提供咨询。

当然，这9个人，必须是你非常熟悉的人物。在自我交流之前，读读他们的传记、了解他们的风格，是必须做的工作。

拿破仑·希尔的“9人超级顾问团”包括：

爱默生、潘恩、爱迪生、达尔文、林肯、伯班克、拿破仑、福特、卡内基。

都是大名鼎鼎的人物，有些他还曾经见过。

好几年的时间，希尔每晚在睡觉之前，都在脑海里召开“咨询会议”，想象自己和这9个人围坐在一起，而他是主持人，负责提出问题、安排议程。

他会提出今天需要讨论的问题，比如：“明天的演讲，重点该讲哪几个方面？该体现什么特色？”然后，根据自己对着9个人风格的了解，想象他们会怎么作答。

这种“晚间会议”连续搞了几个月之后，希尔发现，这些想象中的人物，居然活灵活现了起来；他们的“回答”，虽然事实上出自自己的脑海，却让自己很惊异，因为太有价值了。

这其实是一种自我交流。每个人都会自我交流，但不是每个人都会模仿“大人物会怎么想、怎么说”，所以很多时候，冥想成了瞎想。多读读他们的传记，了解他们的生平、风格，然后，把他们引入自己的大脑，情况就会变得不同。

五

什么是绿色

绿色就是让孩子身心都健康成长

19 世纪的英国心理学家赫伯特·斯宾塞可能没听过“孟母三迁”的故事，如果听到过，他一定会向孟母竖起大拇指。

这两个不同年代、不同国度的人，在“环境影响孩子”这一点上，观点惊人的一致。

孟母有一次搬家，是想远离原来的屠户邻居。人家就是以屠宰为生，孟母这么做，是不是有点“瞧不起人”的意思？

心理学家斯宾塞告诉我们：并非如此。屠户、猎户以此谋生，是不得已而为之。但如果一个孩子经常接触这种环境，对动物的生命就会麻木，必然会对他产生不良影响。一些罪犯之所以漠视他人生命，和小时候这种经历不无关系。

孟母三迁，是为了给儿子创造一个良好的家庭环境。从心理学的角度而言，这实在太重要了。

记住：决定孩子未来的，是当下。当下意味着什么？环境！

扫除环境中的“警示色”，留下绿色，留下美好。没有什么比好的环境更重要。

1 和孩子一起打造“绿色”的家庭环境

家庭环境对孩子的影响，往往是在孩子成年之后才显现出来的。孩子小时候，表现往往不明显；一旦他独立，开始成家立业，问题就爆发了。

正因为如此，本书的很多内容，都是在讲“成年人的教训”，然后“从幼年找原因”。也只有如此，我们才能通过当下的家庭教育，避免将来可能出现的问题。

接下来出场的，依然是一个成年人。很不幸，他是一个罪犯，因为盗窃被判刑多年，最终成了精神医生阿德勒的病人。下面，是他的一段自述：

“母亲总是比较喜欢弟弟，甚至在我还小时，我就曾离家出走。有时，在饥饿胁迫之下，我会从家里或外边偷些小东西，这时母亲会严厉地处罚我，我总是逃走。上学到 14 岁后，我觉得自己只是一名平凡的学生，学习对我一点用也没有，于是自己在外边游荡。我讨厌我的家，又没有朋友，也找不到关心自己的女孩。于是我选择去舞厅，想去那里交朋友，可是我没有钱，只好靠偷窃来维生。刚开始我偷摩托车变卖，接下来就开始偷一些比较贵重的东西，直到我进了监狱。

如果当时，我不对自己的家庭感到厌恶，或许不会误入歧途。”

“对自己的家庭感到厌恶”——这是让每一个家长都会感到心情沉重的字眼。

事实上，在孩子对家庭“感到厌恶”之前，你的家庭之中，就已经出现了各种“警告色”。疾病不都是突然爆发的，爆发之前，总会有些苗头。

到底有哪些警告色呢？

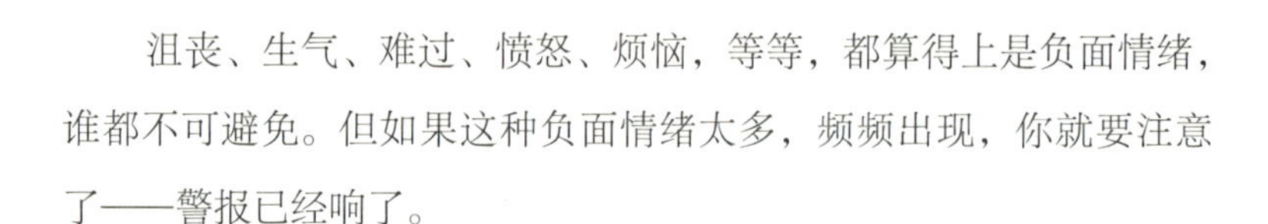

负面情绪频频出现

沮丧、生气、难过、愤怒、烦恼，等等，都算得上是负面情绪，谁都不可避免。但如果这种负面情绪太多，频频出现，你就要注意了——警报已经响了。

如果你感觉“貌似有哪里不对”时，可以做一件事，统计两个数字：

家中已经多长时间没有笑声了？

家中的成员，相互之间已经多长时间没有交流了？

如果超过一周，那就必须正视了。为了解决问题、理清思路，你可以拿出一张小纸条或者一个笔记本，写下以下事项：

家庭成员最近在烦恼的事情；

当前亟待解决的主要问题；

解决这些问题困难是哪些，优势有哪些？

把这些想清楚，就好办了。

家长陷入“悲观预言”怪圈

“你现在这个懒散的样子，将来到了社会上，肯定吃不开！”

“你现在不好好复习，将来考试怎么可能考好？考不上重点高中，就进不了211、985高校；考上普通大学，将来也找不到好工作！”

——你对孩子说过类似的话吗？

如果说过，你已经陷入了“悲观预言”的怪圈，这对孩子的成长十分不利。更严重的问题在于，心理学上有一个非常奇怪的现象：越是让你不想什么，你就会越想什么；你越不愿意发生什么事，那件事情就一定会发生。

比如，你战战兢兢地想“千万别考砸、千万别考砸”，那次考试一定会考砸；家长整天教育孩子“考不上大学就去工地搬砖”，孩子长大后真的就去搬砖了。

悲观预言，是一种高度负面而且夸张了的预言。它最大的问题，一是让孩子失去自信，思维变得消极；二是导致家长和孩子之间出现隔阂，无法有效沟通；三是会形成消极的心理暗示，你越是预言“孩子将来成绩会很差”，你的“预言”就越“准确”。

“悲观预言”本质上是一种消极思维、扩大化思维，把孩子当前的状态等同于未来。事实上孩子是可以改变的——尤其是，你越是盯住了孩子好的方面，这种转变就越快。

过于关注孩子的弱点，而非优势

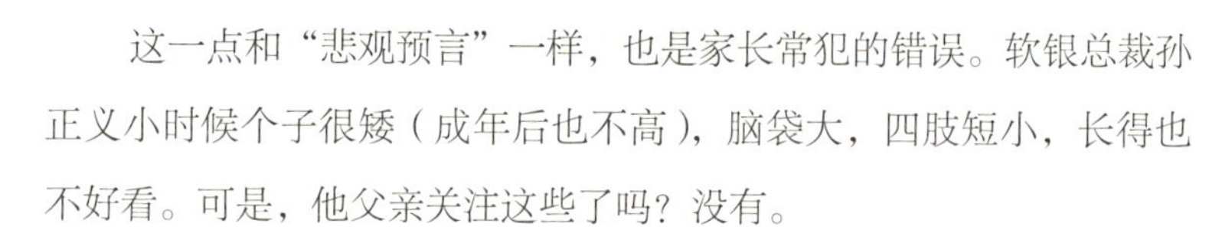

这一点和“悲观预言”一样，也是家长常犯的错误。软银总裁孙正义小时候个子很矮（成年后也不高），脑袋大，四肢短小，长得也不好看。可是，他父亲关注这些了吗？没有。

在他父亲的眼里，孙正义就是个天才，聪明漂亮、世界第一。正是有了这种不吝赞美之词的夸奖，才让孙正义心态十分积极、阳光、自信，充满了正能量。

孙正义的成功，源于他绿色、和谐的家庭环境，源于他父亲对其优点的“过度关注”（怎么“过度”都不为过！）和对其缺点、缺陷的无视。

家长及孩子出现压力大、经常焦虑等情况

家庭成员之间，情绪往往互相影响。家长工作压力大，“传染”给孩子；孩子在学校遇到不顺心的事情，也会把情绪“传染”给家长，互相影响，恶性循环。

不管是哪一方出现了“压力、焦虑”等症状，都要及时把这些症状写在笔记本或者纸条上，一项一项核对，一项一项梳理，去找解决方法，绝不能拖而不决。

焦虑、压力积累多了，就成了家庭的又一“警告色”。

父子或母子之间，很长时间没有进行深入内心的交流

中国父母和孩子交流起来，往往是“讲经历”的情况多，深入内心的情况少。换句话说，他们表面上也在交流，但往往是在“谈故事”，不是在“谈心”。

谈心，是心与心的交流。

真正遇到什么苦恼、困惑，孩子不会和家长讲——警报就出现了。他或者埋藏在心里，或者跟其他人讲——但这个“其他人”是有风险的，对与自己比较要好、值得信任的同学说，或许还好一点；如果是一些有不良用心者，就麻烦了。一些孩子的离家出走，根本原因，就是在家庭内部，他失去了交流的对象，只能到外面去发泄。

我也知道谈心很重要，可是，张不开嘴，怎么办？有的时候，我厚着脸皮（毕竟三四十岁的人了）问了，可孩子没反应，怎么办？

家教专家谈

面对阳光，你就会看不到阴影。

——海伦·凯勒

的确，家长与孩子的深入谈心，最好从三四岁的时候就开始；一旦孩子到了十来岁、有了主见，这个时候，你想和他好好谈心，难度也会变得很大。

那就不谈了吗？显然不是。可以不用嘴，用笔。如果你的孩子还小，可以用游戏的方式来谈。

斯宾塞教给我们一种好办法，叫“走进孩子内心的12张卡片法”。

如果你的孩子已经大了，不接受这种“幼稚”的小游戏，也可以借鉴这个方式，进行“笔谈”，让孩子敞开心扉，把烦恼的事情说出来。

斯宾塞的办法是这样的：

准备好12张卡片，每张卡片写上一个问题。晚上做游戏的时候，和孩子一块掷骰子，点数是几，就回答几号卡片上的问题。

12张卡片，12个问题，你可以自己设计。斯宾塞给出的“标准答案”当然也可以用。他设计的部分问题是：

- 讲一讲你最不快乐的事
- 讲一件你觉得自己做得最好的事情
- 对你周围的一个人做出评价

家教专家谈

你无法控制别人，但你能够掌握自己；你不能左右天气，但你能够选择心情。

——戴尔·卡耐基

- 今年你最希望得到什么（最多 3 个）
- 你对自己有什么不满意的
- 哪件事，你努力了，但是成效不大
- 深呼吸三次
- 拥抱一下你喜欢的人

……

缺乏信任

这也是一种负面情绪、消极思维，和前面的“悲观预言”有着共同的心理基础。悲观预言，正是因为缺乏对孩子的信任。因为缺乏信任，导致孩子丧失自信、丧失勇气，“悲观预言”果然就成了真的。

至于信任带来的好处，已经是被心理学家们无数次证实了的。

科学家曾经把一群资质差不多的学生分成 4 组，进行了一个实验。在这 4 个组中，只有一组被人为施加了“信任”。科学家对这组同学说：“你们都是经过精心挑选的，能力要比其他 3 组强。”事实上并没有。

结果呢？是这一组的同学胜出了。他们因为科学家的信任而勇气倍增、自信爆棚，发挥十分出色。

对孩子而言，一个定律就是：你越信任他，他就越强大；你越怀疑他，他就越弱小。

缺乏信任，导致孩子不自信，这也是家庭“警告色”之一，必须注意。

让孩子更自信的绝招

经常有家长问我："快被孩子愁死了！这么小的年纪就这么悲观、缺乏自信，我们实在是没招了！"

"对付"自信心缺失的孩子，还真得用点"绝招"。"绝招"很简单：放低姿态，寻求帮助。

寻求帮助？没错，向自己的孩子——这个你眼中的弱者——寻求帮助。这是很实用的一招，用好了，可以迅速帮孩子建立自信。因为，这会让他感到自己是有价值、有能力的。

一个人的自信，往往是被"缺乏价值感"摧毁的。自信心被摧毁之后，悲观情绪就会滋长。最好的补救办法，就是家长把自己当成弱者，向孩子寻求帮助。注意：态度要诚恳、自然，否则他误以为你是在嘲笑他，那就更麻烦了。

寻求帮助的事项，不能超出他的能力范围，否则反倒会打击他的自信。所以，选择什么样的问题求助，很关键。

有这样一个家庭，哥哥情绪比较悲观，因为他总觉得爸爸妈妈爱的是弟弟，不是自己。无论父母怎么解释，都无法改变他的看法。

有一天，妈妈带着哥哥外出，两个人一块吃饭的时候，妈妈决定用"绝招"了——向孩子求助。

她对哥哥说："宝宝，妈妈最近一直在为一件事烦恼，而且问题很严重（当然她只是故意把问题说得严重），就是你弟弟。"

"弟弟？他怎么了？"哥哥有点好奇。在他眼中，父母一直是最爱弟弟的，能有什么问题？

"问题就是你弟弟太爱凑热闹、乱帮忙了。我干活的时候，他总是凑过来帮忙，可你知道，他很不擅长做这些事情。我和爸爸都很烦，可又不能直接说他。所以我想请你帮个忙。"

这些话，一下子把哥哥心头的疙瘩解开了。他经常看见弟弟去讨好爸爸妈妈，感觉自己被冷落了。

"原来是这样。我还以为你们一直很喜欢弟弟帮忙呢！我能做什么呢？"哥哥说。

"我和爸爸想让你帮忙，在我们俩干活而弟弟过来凑热闹的时候，把他引开，带着他在院子里玩耍，怎么样？这样，我们就能集中精力做自己的事情，不至于分心了。"妈妈说。

虽然哥哥觉得带着弟弟玩并不是一件容易的事，在妈妈的鼓励下，他还是答应了。后来，他们把这项"秘密计划"付诸实施，哥哥变得自信起来。每次他从妈妈身边把弟弟"骗"走的时候，都会给妈妈一个会意的微笑。

2 和孩子一起打造“绿色人格”

“绿色人格”是种形象的说法，也就是健康的人格。先来看看什么是“不健康的人格”。

小明家有一个车库，爸爸买了个水枪，可以自己洗车。这个喷力很大的“水枪”，可比“玩具水枪”好玩多了！小明按捺不住，趁爸爸不注意，跑到车库里玩起了爸爸的水枪。

不过，它可不像玩具那么好玩，小明“玩砸了”，把车库弄得到处都是水。爸爸很生气，踢了小明两脚。

小明很委屈，找妈妈告状。妈妈到车库找到爸爸，愤怒地指责他：“你怎么能体罚孩子呢？孩子再调皮，打人就不对！”

“我已经忍了很久了！警告过不止一次两次了！”爸爸生气地回应。两人狠狠地吵了一架。

我们要说的不是婚姻问题，所以先不讨论父母吵架的事情。值得注意的是小明的表现以及妈妈的反应。

在这个事件中，妈妈被小明“利用”了。他巧妙地（即便自己并没有意识到）利用父母之间的争执，来达到“妈妈支持自己”的目的。或者可以说，他用“是否支持自己”“是否敢于和爸爸对抗”，来验证

“妈妈是否爱自己”。一旦妈妈不支持自己的行为（不管是自己错了还是爸爸错了），他就会感到困惑、茫然，甚至失去安全感。

孩子告状、父母吵架的次数多了，孩子的“不健康人格”就养成了。父母需要注意一个原则：孩子和爸爸（妈妈）的关系，是他们自己的事情，要由他们自己主导着去处理；如果有第三方介入，情况只会更复杂。

所以小明告状的时候，妈妈明智的做法是告诉他：“爸爸打了你，我很难过。你能不能想出一个办法来，避免此类事件发生？”

等事情冷静下来之后，妈妈可以单独和爸爸平静地讨论体罚给孩子带来的阴影，并引导爸爸和孩子处理好关系。

“孩子和爸爸的关系，就交给他俩来处理吧！你要做的，是相信他们能处理好！”这样的论调，可能有些家长难以接受，但长远来看，益处多多。下面这位爸爸的处理方式，表面看有点“冷酷”，却更有利于孩子成长。

艾伦经常丢三落四，有一天，他又把自己心爱的棒球手套弄丢了。

得知他又丢了棒球手套，爸爸没有生气，只是表达了同情：“啊？那么漂亮的棒球手套丢了，真是令人遗憾。”

艾伦显然不是来寻求同情的，他之所以告诉爸爸这个不幸的消

家教专家谈

成功钟情于那些有成功意识的人，失败钟情于那些放任自己而产生失败意识的人。

——拿破仑·希尔

息，是希望爸爸再帮他买一副："我需要一副新手套，爸爸。"

"哦？"爸爸没有痛快答应，反倒问他："好啊。那你有没有钱呢？"

艾伦有点不太痛快了，我有钱还来找你干吗？"我没钱，你给我！"

"哦。等到该发零花钱的时候，我会给你钱的。"爸爸说。

艾伦急眼了："零花钱？那才多点？根本不够！"

爸爸态度十分和善："很抱歉宝贝，除了零花钱，你可以想别的办法挣钱。在你第一次买棒球用品的时候，我已经替你的棒球手套付过费了，所以不能再出钱。如果再买，你只能用自己的钱。"

这种坚定而友善的态度，有助于让孩子明白"责任"是怎么回事儿。自己丢了东西，再用自己的钱把东西买回来，这就叫责任。所谓"绿色人格"，就是在这一点一滴的事例中，慢慢养成的。

那么，到底什么样的人格才算是"绿色人格"呢？至少要具备以下几个方面。

自尊与自信：给孩子平等的地位

这都是大家耳熟能详的词，听上去很简单，很多家长却不知道该怎么做。

其实办法很简单：只要把孩子当成大人看待（除非他去做一些有危险的事情的时候），给他以和家长一样的平等地位，孩子的自尊、自信很容易就能培养起来。很多家长的做法往往相反：孩子是自己的下级、部属，必须听从自己的命令。

19 世纪的德国教育家卡尔·威特很早就明白了这一点。他给儿子取了一个和自己完全一样的名字，所以人们一般把他叫老卡尔，叫他儿子小卡尔。

小卡尔 2 岁的时候，就开始帮妈妈收拾桌子——这在很多人眼中，是不可思议的。家中有客人的时候，经常对小卡尔的举动表示惊讶："卡尔，不要动那个盘子，当心摔碎！"

这时候，爸爸老卡尔总是耐心地阻止好心的客人："没事的，卡尔会把它收拾好的。"对孩子主动干家务的举动——即便孩子再小，他也不会阻止（除非确实有危险）。

原因是："如果我不允许儿子去碰那个盘子，我可能会永远保住那个盘子，但一声'不许'会给他的自信留下阴影，从而会推迟他某项能力的发展。"

孩子主动做自己能力范围内的事情，无论年龄多小，就放开让他去做。这对他的自尊、自信，都是一种培养。

很多中国孩子小时候很愿意干家务，却被家长"无情"地阻止了。这让他们形成一种印象：

第一，家务是爸爸妈妈、爷爷奶奶的责任，不是自己的责任，自己不需要干；

第二，自己干家务的能力很差，不可能干好。

所以，等长大之后，家长再让他干家务，他会本能地排斥，因为这方面的自尊、自信已经遭受过多次打击了。

自立能力：“我自己解决”而不是“找妈妈”

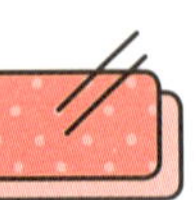

美国一位心理学家举过一个例子：一个亚洲学生，考入斯坦福大学留学，成绩非常优秀。有一次她去校园上课，却发现课程表忘在宿舍了，不知道该去哪个教室上课。

这时候，她有很多办法可以解决问题：回宿舍找课程表、找同学问问、找学校行政人员求助，等等，均可。

而她的第一反应，是给妈妈打电话。她妈妈在亚洲，和她相差 16 个时区。

缺乏自立能力，也就意味着缺乏应变能力：一切如果顺风顺水，或许能够应对；一旦出了小差错，便不知如何解决了。当然，很多小问题，他们不是找不到方法，而是不想去找，有着严重的依赖心理。

热情：喜欢上某件事情

一定要培养孩子的某几种爱好，并让他充满热情地去做。如果处处扼杀孩子的兴趣，会导致孩子早早地对很多事情都毫无热情、表情漠然。

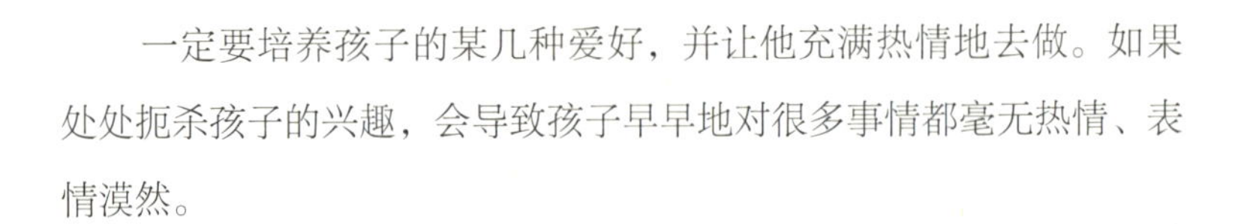

创造力：没有标准答案

所谓创造力，就是面对一个问题，孩子已经找到答案的时候，你提醒他一下：换个角度看看，是否还有别的答案？

坚持：不抛弃、不放弃

这点容易理解，就不多啰唆了。

责任感：承担该承担的

卡尔·威特对儿子一向很和善，但有的时候也十分严格，一旦孩子犯了错误，他会要求孩子敢于承担责任。不小心弄坏了邻居的花，即便邻居没有看见，他也会劝导孩子，要求孩子主动上门道歉。

这种事情，看似微不足道，但其培养起来的责任感、敢于担当的意识，却会让孩子受益无穷。

怎样培养孩子的“绿色人格”？

“绿色人格”涵盖的内容很多，当然不仅仅是上面列举的几个方面。关键的问题是：怎样培养孩子的“绿色人格”呢？

引导孩子把思维聚焦于“达成目标”，而不是目标之外的东西

有的心理学家根据孩子的性格不同，把他们分成两种：行动导向型和状态导向型。

以篮球比赛为例，如果一支队伍本来得分领先，后来又被追平，最后时刻，又有了罚球机会。这个罚球如果得分，对本队影响巨大，但对方的拉拉队为了影响罚球，拼命采用各种手段干扰。

这时候，两种类型的人，表现会很不同。

行动导向型的孩子，会把目光聚焦于球筐，心里只想着“如何完成”，球迷的干扰会被忽略。

状态导向型的孩子，心里想的则是“一开始我们领先，后来被他们追平了”“球迷用的荧光棒太干扰我了”“他们怎么那么能咋呼呢”“我们会不会输呢”……总之，想的都是目标之外的事情。

心理学家研究了多个家庭环境之后认为，态度专横、对孩子要求过

高的父母，很容易打击孩子的自信，从而导致他们成为“状态导向型”的孩子。

聚焦于解决问题，抱怨只会让事情更糟

每一位家长都遇到过极其糟糕的局面。一位妈妈给儿子买了一辆电动玩具车，儿子玩得兴起，不小心把家里的推拉门撞烂了。妈妈一时火起，马上联想到“这得花多少钱修啊”，没给儿子好脸色。本来就十分沮丧的儿子变得更加郁闷，弄得一家人心情都不好。

几年之后，事情又在小儿子身上重演，他开电动玩具车时，把高大的绿色植物弄倒了，花盆碎了。不过这一次妈妈吸取了上一次的教训，她变得明智了——抱怨是没有用的，与其用消极的心态面对，不如用积极的心态去对待。

于是她对小儿子说：“没事，人没伤着就好。不过，撞翻了花盆也是不应该的，你自己总结一下，是哪里出了问题，然后我们一起把它收拾好，怎么样？”

效果好多了。小儿子显然已经意识到了自己的错误，很乐意和妈妈一块收拾起了这个“烂摊子”。虽然遇到了意外的糟糕局面，但问题和平解决了。

很多事情就是这样，谁也不知道意外会不会来、什么时候来，一旦来了，很多人只是抱怨，抱怨他人、埋怨自己，却没有想着马上行动起来，把问题解决掉。

把“解决问题”作为目标，意外就只是个小意外，影响不会延续；用埋怨和抱怨作为解决方式，意外就成了大意外，问题只会越来越

糟糕。

所有具备“绿色人格”的孩子，几乎都有这一特点：不抱怨，先把问题解决！

培养孩子积极、正面的自我形象

年幼的孩子，并不擅长自我评价，对自己的认识，往往被别人所左右。到了一定年龄之后，家长要引导孩子学会“自我评价”，这对他自信心的养成至关重要。

在孩子的成长过程中，他会同时受到两种力量的影响：一种是积极的影响——比如得到他人的肯定、鼓励，等等；一种是消极的影响，比如“传染”上其他孩子的不良习惯、遭别人批评而变得自卑，等等。

孩子不是生活在真空里，外来的消极影响一定会存在。家长能做的，就是尽量让孩子消化这种消极影响，多让他和积极的人接触，多去接受阳光的事物。

同时，良好的家庭环境，本身就是形成“积极影响”的巨大力量，即便他在外边受到了消极影响，也可以通过家庭的“积极影响”进行化解。

3 畅行于心灵“绿波带”——家长与孩子之间的沟通与和解

为了治理拥堵，很多城市建设了“绿波带”，汽车只要保持一定时速，基本可以“一路绿灯”。家庭教育如果也有这样的“绿波带”，就完美了。

事实却是：家庭教育中的“红灯”太多了。

即便美国育儿专家、母乳喂养专家玛莎·西尔斯——她可是典型的“工作是和孩子打交道，生活也是和孩子打交道”的人——家中也会“红灯闪烁”。

“你真是太蠢了！你是最坏的妈妈！”10岁女儿想看一部“13岁以下不宜”的电影（美国电影是分级的），被妈妈拒绝，她冲着西尔斯爆发了。

说实话，我都觉得孩子的话过分了。但毕竟是小孩子，他们说话的时候，经常是感性地模仿他人，并不理性；有时候“嘴比脑子快”，未经思考，话就说出来了。很多孩子潜意识里想的是：“既然别人可以这么骂人，我为什么不可以？”

这并不代表他变坏了，只是他受到了某些“消极影响”，而爸爸妈妈并没有及时察觉并纠正。

说出这种话来之后，一般情况下，孩子也会感到“不可思议”：

我怎么会说出这种话？

但在气头上，考虑到面子问题，她是不会马上表示“收回”的；甚至，出于某种对抗心理，她会进一步让事情变糟——目的只是表明，你拒绝让我看那个电影，后果很严重！

气氛有点尴尬。西尔斯家里的孩子很多（将近10个）。这个女儿说出这种话之后，其他孩子甚至包括父母，心理都会发生微妙的变化：“这家伙，竟然说出这种话！一次狠狠的惩罚是跑不掉了！”

——10岁的女儿弄不好也这么想，干脆破罐子破摔，对抗到底。有了这种心理，父母一旦处理不好，就会形成“问题的累积”效应，有了第一次，她就可能有第二次，一次比一次严重。

还好西尔斯是育儿专家，她做出了巨大努力——这的确需要勇气和能力——努力使自己冷静下来，努力想想自己经常教给别人的“与孩子处理冲突时的原则”，努力让自己从孩子的角度出发考虑问题（这是与孩子处理问题时的基础性原则）……

西尔斯想到，这一周女儿过得很糟糕，她在学校的负担很重，压力很大，她想看电影放松一下，却被拒绝了；而这又会成为话柄，

家教专家谈

孩子的好奇心和探究内驱力各不相同，我们每个人可以承受的焦虑也不尽相同。但有一点很肯定：为了完成必需的教育，我们需要保持冷静，从孩子的角度看问题，然后给他们反馈和引导。

当安全成为问题时，我们必须正确评估孩子的自我负责能力，同时还必须坚持我们的指导。然而，这并不意味着要拒绝尊重孩子的观点。这种保持亲子关系完好无缺的能力就像一份保险单，当孩子进入青春期之后，你会很高兴自己购买了这份保险。

——威廉·西尔斯

让她在朋友面前很没面子。这些因素的作用下，她爆发了。

考虑到这些，西尔斯终于冷静下来，没有采用简单、粗暴的方式对待女儿，而是安抚她的情绪，和缓地对她说："在说出'你是最坏妈妈'的时候，你心里一定也不好受吧？"

——这就是从女儿的角度去思考问题。很多冲突之所以越来越厉害，根本原因是：

家长只站在自己的角度思考问题。

爸爸身高 1.7 米，20 米外的水塘他能看得一清二楚；儿子身高 1.1 米，视线受挡，自然看不到危险的水塘。这个时候，爸爸贸然责怪儿子"没有安全意识"，合理吗？所谓站在孩子的角度，前提是俯下身来。

女儿回答："是的，我本意不是那样。"

"我就知道你不是的。"西尔斯说。这种肯定，既让女儿卸下了包袱，也避免了"问题的累积"，很值得其他家长学习。最关键的其实只有一点：一定要多从孩子的角度考虑问题。

和孩子良好沟通的9个小技巧

这种突然出现的“爆炸点”，几乎在每个孩子身上都会出现；一旦出现了，家长要冷静、克制。除了应对这种“突发事件”，家长更重要的工作，是让孩子学会沟通、学会表达，能够及时、顺利地把自己的情感表达出来。

“突然爆发”不是表达吗？当然也是一种表达，但过于激烈，处理起来难度大不说，还容易留下阴影。所以，要引导孩子合理表达情绪——告诉他可以适当宣泄情绪，偶尔吼两嗓子也不是不可以，但如果有其他柔和的宣泄方式，就更好了。

主动和孩子交谈、沟通，当然是最重要的。这种沟通，家长要通过学习才能掌握。

家长的态度：主动引导，而不是打压

孩子跟你倾诉的时候，一定要记住：这是非常好的沟通机会。只要条件允许，马上放下手头的工作，放下手机，关掉电视，和孩子交流。这时候孩子是最容易敞开心扉的，这一次忽视了，下一次他可能就会关上心灵的大门。

一定不要打压孩子的沟通欲望，不管他显得多幼稚。

“你又要和我讨论你那条死掉的鱼吗？鱼塘里每年都有成千上万条鱼死掉，我才懒得听呢！”

——说出这种话的，绝不是一个好爸爸，至少不是一个善于沟通的爸爸。你这次把沟通的门堵死，孩子的情感就会封闭得越来越紧，以至于后来孩子忽然爆发时，你都不知道发生了什么。

环境的选择：不妨换个场景

有些家长不善于沟通，孩子的主动倾诉一旦遭到打压，再想挽回就不太容易了。这时候即便家长很主动，孩子也会毫无兴趣。

这时候，最好的办法是“换个环境谈谈”。比如，孩子“有心事”的时候，你可以带他去跑步。跑步本身就是一种情绪的宣泄，在跑步的时候，还可以交流一些话题，沟通起来就更顺畅一些。

如果孩子不爱跑步（当然，我还是希望所有的孩子都爱上跑步，因为我是跑步爱好者），也可以选择其他环境，比如吃肯德基或者玩游戏的时候。

当你不是他最爱的倾诉对象的时候，找一个玩偶

每一个爸爸妈妈都希望自己成为孩子最理想的倾诉对象，但很多时候，你很难做到——尤其在孩子逐渐长大之后。

这时候，有一个很实用的技巧：找来孩子最喜欢的一个玩具，最好是玩偶之类的，让他拿着；如果有两个，可以自己和孩子各拿一个。当

你遇到问题，需要和孩子进行交流的时候，他的内心无法打开，直接面对你会有某种障碍（比如刚刚结束了冲突，此时交流有点生硬、尴尬）。如果有玩偶在手里，他对着玩偶说出自己的心里话，会相对容易一点。

善于运用肢体语言

轻拍他的肩膀、拥抱、关切的目光等，都在传递一种信息：这里是安全的，你可以说出来。

最关键的：从孩子的角度理解他的情感

这一点已经强调过多次了。如果孩子无法表达情感，你可以试着假想自己是一个小孩，和他一般大，遇到问题会怎么想、怎么说？

有的时候，干脆就讲讲自己小时候的“糗事”，孩子往往会很感兴趣，因为他们眼中的父母都是成年人，有权威性，他们无法想象父母小时候的情景。如果父母放低姿态，讲讲自己的小时候，无形中就形成了一种平等关系，更有助于孩子“说出来”。

为了和孩子建立良好的沟通关系，你还可以这样做：

在对孩子进行指导之前，先拉近情感，对孩子表示亲近

比如，和孩子一起玩游戏、做运动等，在这些互动活动中，慢慢指导孩子建立各种规则。

换句话说，家长对孩子的很多“指导”，的确是对的，但一旦方式不对，就成了错的，容易引发孩子的抵触心理。这种指导，要“润物细

无声”，尽量不要让孩子看出来。

可以适当重复，但避免唠叨

沟通要么简明扼要，要么用讲故事的方式说出来，不要弄得太复杂。太复杂的东西，孩子很难接受

不要喊，走过去。这是最简单的一个技巧，也是最实用的

如果你对着孩子喊：“快来吃饭！”十有八九孩子不会有反应。你可以走过去，对他说：“孩子，该吃饭了。”

孩子不洗漱耽误睡觉，你在他 10 米之外喊：“怎么还不洗漱？”不会有效果的。你可以走到他跟前，把他拉起来（用一种亲昵的方式），拉到卫生间，问他：“宝贝，现在该干什么了？”孩子可能既不想洗漱又无可奈何，但最终还是去做了。

4 家长要学会对孩子放手——90% 的忧虑都没有成为现实

如果子女是家长打造的一辆汽车，很多家长的选择是：一定要让它待在家里，不要见风雨，不要远行；外出就要面临红灯，要对付拥堵，甚至会出现事故……

有句话说得好：世上所有的爱都是为了拥有，只有家长对子女的爱，是为了放手。现在的爱，是为了让他长大后拥有飞翔的自由。

——你以为这些道理我不懂吗？我懂，可我就是担心！别人家的孩子可以冒险，我的，不能！

如果你是这样的家长，不妨读读美国钢铁大王卡内基讲过的一个故事——

在美国西部的一个县里，一位老人一生中经历了无数坎坷，命运似乎总是和他作对。邻居们都觉得他可怜。

有一次，邻居们去和他聊天，顺便安慰他一下。老人静静地听大家说完，说道："你们说的都对，我的朋友们。我的一生，的确烦恼不断，但有一件事情很奇怪——我们 90% 的忧虑，都没有变成现实。"

借鉴一下老人的话，把它看作子女教育的第一个法则：

你对孩子的忧虑，90% 都不会变成现实。

还有一个法则，是从另一个故事中得来的，而且就来自于家长。

一位家长，她的孩子非常调皮，经常惹恼老师，受到老师的惩罚，这让她很尴尬，对自己的孩子几乎要丧失了信心，感觉他“坏透了”。

有一天，她和老师交流的时候，问老师：“在你眼中，我儿子的不良行为，大概能占到多大比例呢？”

老师想了想，说：“大概 15% 吧。”

这个数字大大出乎家长的预料：“也就是说，他 85% 的行为都是好的？”

老师点点头，说：“你以为呢？做家长的，要记住一点，不能因为孩子 15% 的‘坏行为’，就忽视了孩子另外的 85%。”

这就是我们的另一个法则：

不要因为孩子 15% 的不良行为，就忽略孩子 85% 的好的方面。

家长要记住一句话：决定孩子未来的，不是缺点，而是优点。如果让一个地理学家考证莎士比亚的作品，会发现里面“充满了地理常识的错误”；让当代考古学家研究《史记》，会发现里面的史实错误不少。然而，这并不影响它们成为伟大的作品，因为伟大是由优点而不是缺点决定的。

培养孩子，何尝不是如此呢？

介绍了这两个法则之后，接着来说说对孩子的“放手”意识。犹太人在这方面做得比较好。

在犹太法典上，有这样一句话：

5 岁的孩子是你的主人，10 岁的孩子是你的奴隶，到了 15 岁，父子平等，你就没有孩子了。

15 岁或许小了一点，最多到 18 岁，很多犹太人的孩子就已经完全经济独立，不再依赖父母了。

18 岁，大多数中国孩子还在上高中，这时候完全经济独立似乎是不可能的：孩子还不会打工，怎么办？课业负担那么重，怎么可能去打工？去打工万一被人骗了怎么办？

无数个忧虑缠绕着父母，让他们无法放手。

有一个犹太人，名叫巴拉尼。他比一般的孩子更加不顺利，因为患上了骨结核病。这种病很麻烦，他的家境又不好，没有得到及时医治，导致他的关节永久性僵硬了。他行走不便，成了残疾人。

“15 岁独立”，对一个残疾孩子而言，是否也适用呢？

巴拉尼回忆说，尽管自己行动不便，父母并没有对自己格外关照，只要他自己能做的事情，父母的态度就是“袖手旁观”，有时候会表扬他两句，仅此而已。

15岁生日那一天（这可以说是犹太孩子的“独立日”了），父母给他买了一个大蛋糕，切蛋糕之前，父亲对他说了一段话，令他记忆犹新：

“孩子，你虽然行动不便，但我们从来没有把你当残疾孩子看待，没有给你特殊的照顾。因为没有人能照顾、呵护你一辈子——除了你自己。只有养成自理、自立的习惯，你才能独立成长，将来才能掌握自己的命运。你要明白，我们虽然没有那么呵护你，但这才是爱你的正确方式。”

巴拉尼把这番话记了一辈子。18岁起，他经济上就已经完全独立了。在这之后，巴拉尼经历了无数次坎坷和失败，但他都扛了下来。1914年，巴拉尼获得了诺贝尔生理学和医学奖。

如果没有这种独立的精神和抗挫折的勇气，一个残疾人取得如此之高的成就，恐怕是不可能的。

如何培养孩子的勇气？

这种处理方式对很多中国家长来说，显然有点难。但无论如何，一定要培养孩子走出去的勇气。而勇气，源于自信。

自信又从何来呢？

很大程度上，它来自家长诚恳的鼓励。

前面介绍过的老卡尔·威特，就是通过鼓励、表扬，一步步树立了小卡尔的自信，增长了他的勇气，让他成了附近闻名的“小天才”。

小卡尔唱歌唱得不错，老卡尔又是牧师，所以他很自然地想让孩子加入唱诗班。和孩子一谈，小卡尔拒绝了。老卡尔没有强迫他，而是耐心地问：“为什么呢？”

小卡尔说了一大套，比如学业紧张等。老卡尔看出来了，这孩子言不由衷，其实他还是想去的——毕竟在舞台上唱歌是件很荣耀的事情。他之所以拒绝，是缺乏自信。

老卡尔耐心地开导了小卡尔一番，小家伙终于同意了。一个周日，爷俩来到唱诗班，现场有很多孩子，有的来试唱，有的是来当观众的。

头一次在这么多人面前唱歌，小卡尔很紧张。伴奏的风琴响了起来，他却呆呆地站在那里，唱不出口。

老卡尔见状，请求风琴师暂停一下，把小卡尔叫到一边，轻轻地问：

“卡尔，你怎么不唱呢？”

“我……唱不好。”小卡尔说。

爸爸看出了问题——他太不自信了。这时候，即便稍微夸大地鼓励一下，也要先把他的自信建立起来。于是老卡尔对孩子说：

“你知道威勒先生为什么把试唱安排在星期天吗？因为他知道你唱歌很棒，所以特意安排在周末，好让大家都来听听。如果你加入了，唱诗班的水平说不定会提高一大截呢！”

“真的吗？”小家伙眼神闪烁，显然兴奋了起来。

在得到父亲肯定的回答之后，小卡尔信心满满地走上了舞台——不用说，他这一次发挥得比任何时候都好，仅仅是因为充满了自信。

培养完善的人格，让孩子拥有自信、勇气和力量，走出去又有什么可怕的呢？曾经有人对生活中可能遭遇的烦恼、忧虑做过统计，结果很令人意外——它们大部分是毫无意义的：

- 人们忧虑的事情，有 40% 永远不会发生；
- 30% 的忧虑涉及过去做出的决定，而这些是无法改变的；
- 12% 的忧虑是出于自卑感（可是，人们忙忙碌碌，谁在乎你穿的破大衣）；
- 10% 的忧虑与健康有关——这还靠谱一点，问题是：你越忧虑，健康问题就越严重；
- 只有 8% 的忧虑在合理范围之内。

既然如此，还忧虑什么呢？对子女的放手，也是如此。

5 家庭教育中的红灯
——内心爱孩子，为什么嘴里却是咒骂？

简·尼尔森的一次心理咨询，令人印象深刻。

来咨询的是一对母女。这对母女在教育环节中出现了问题，所以求助心理医生。

事情的起因是这样的：

女儿有一个朋友——事实上几乎不能称作“朋友”了，因为这个朋友的做法让她非常生气。一怒之下，她偷了这个朋友的一件衣服。

女儿对此并不否认，嘴里却说：“我只是在开玩笑，并不是真心想偷。”她也不缺衣服。

妈妈得知此事，十分生气，对她发了火：“你这是在做小偷，你知道吗？将来会进少管所的！”

冲突就这么爆发了。

问题确实挺复杂，因为女儿的确有错在先，如果不及时处理，发展下去很危险。妈妈对她进行管教，显然是正确的、必须的。

但结果如何呢？是女儿对她的仇视，她认为妈妈完全不理解自己。她甚至对心理医生说，自己当时的心情就是：“妈妈这么对我，还不如让我去少管所！”

——很多隐患，就是这个时候埋下的。表面上，妈妈是“为了孩子好”，在严格管教孩子，但结果，是孩子觉得自己即便进了少管所，也比有这样一个不理解自己的妈妈强！

为什么有些孩子会“破罐子破摔”？为什么有些小问题，会“控制不住”地崩塌，成为严重的大问题？

答案就在这里：妈妈的心是好的，她希望解决问题，但方法错了。

记住一个公式：

心理医生问妈妈：“当时你最担心的是什么？”

妈妈回答：“我最担心她因为这个错误进入少管所，受到伤害。”

心理医生又问：“那么，你站在女儿的角度想，如果你被称为‘小偷’，你会怎么想？你会不会觉得，与其有这样一个妈妈，还不如进少管所？”

这件事情，总结起来，其实是这样的：妈妈出于爱心，想要保护女儿，结果却羞辱了女儿；女儿感受不到妈妈的任何爱意，她感受到的只是羞辱。

所以，别再信“打是亲、骂是爱”的鬼话了！当责骂的语言落到孩子身上，他和这个女儿的感受会完全一样。即便落下的是“充满爱心的皮鞭”，孩子记住的也只是疼痛和伤痕，也不可能“长大了就会理解你的爱”！

这位妈妈虽然很爱自己的女儿，却犯了两个比较严重的错误——事实上，这样的错误，每个家长都有可能犯，甚至会引发严重后果。

第一个错误：标签化。

孩子偷了别人的东西，这是严重的错误。即便如此，也要试着从孩子的角度去思考问题，可以问问她为什么拿别人的东西，“拿别人的东西不对”是她早就明白的道理，为什么还这么做？

耐心地问原因，孩子就会敞开心扉。

“小偷”则是一个标签，而且是一个非常恶劣的标签，这个标签能一下子把母女关系打入十八层地狱。

有些中性的标签，家长也要注意——它们可能会对孩子产生不良影响，比如：内向、胆怯、拖延症、调皮鬼，等等。

家教专家谈

神经学家发现，如果你经常让大脑冥想，它不仅会变得擅长冥想，还会提升你的自控力，提升你集中注意力、管理压力、克制冲动和认识自我的能力。一段时间之后，你的大脑就会变成良好的意志力机器。在你的前额皮质和影响自我意识的区域里，大脑灰质都会增多。

——凯利 · 麦格尼格尔

如果你给孩子贴上了“内向”的标签，放心，他一定会越来越内向；如果你给他贴上“胆怯”的标签，他一定会越来越胆小。

甚至某些疾病，一旦成为标签之后，也会对孩子产生很大的副作用。

“标签”其实就是一种心理暗示。如果一个人整天觉着自己“体质差”，给自己贴上这种标签，他的体质真的就会越来越差。而更重要的心理暗示来自家人。一个人生病了，家人如果满面忧愁、焦虑不安，对病人产生的副作用不会小于疾病本身。

第二个错误：自控力缺失。

孩子偷了东西，问题很严重，但如果妈妈无法控制自己的情绪，问题只能越来越严重。这个时候，我们需要一种力量来控制自己的情绪，这就是自控力。

怎样提高自控力?

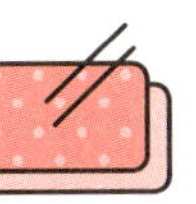

其实应该分成两个方面：家长需要提高自控力，同时也要引导孩子提高自控力。问题是，如果家长自己不提高，是不可能指导孩子提高的。

所以，家长自己先努力，自控力提高之后，再去指导孩子提高。

很多人首先会怀疑一个问题：自控力这种东西，真的可以提高吗？我可能说服不了你，但你不用怀疑：可以提高。

神经学家经过多年的研究，已经证明了这一点。斯坦福大学的凯利·麦格尼格尔说过这样一段话：

“人脑像一个求知欲很强的学生，对经验有着超乎想象的反应。如果你每天都让大脑学数学，它就会越来越擅长数学；如果你让它忧虑，它就会越来越忧虑；如果你让它专注，它就会越来越专注……（你的大脑）会根据你的要求重新塑型。”

一些精通顾客心理学的商场，经常悄悄使用“自控力法则”。比如，商场里为什么一定会播放音乐甚至精彩的电影，或者弄出某些新奇的、好看的展览品？

原因是：它们会让你分心。

分心又能怎样？不怎样，但分心能大大降低你的自控力；而自控力降低的结果，就是你会不自觉地买一堆用不着的东西回家。

——这就是商场的计策，在购物时，它们努力降低你的自控力。但如果你去找客服投诉，就完全相反了：他们可能给你送上几个糖果，因为甜食会提高你的自控力，避免你情绪失控、爆发。

接下来，我们可以把这一原理应用到子女教育上来了。

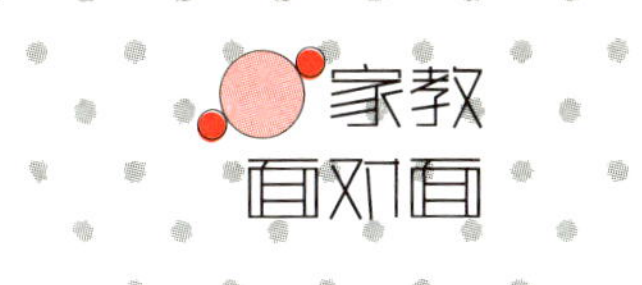

家长如何提高自控力?

提高自控力的第一法则就是:

集中注意力

在和孩子相处，或者是做出与孩子有关的决定，尤其是处理和孩子之间冲突的时候，一定要注意这一点。

人脑是个复杂的东西，在很多情况下，它的“默认选项”，是“简单”，而不是“有效”。

这就是很多人“做出决定之后就后悔”的原因——我都不知道当时自己在想什么。你的确不知道，因为你的大脑的第一原则，就是“简单”：遇到一个难题，怎么简单怎么来。拖延是最简单的，所以也是大脑最愿意做出的决定。

如果你这时没有提高警惕，依然漫不经心，那么，很容易做出错误的、让自己后悔的决定。

最好的办法，就是让自己“一激灵”，忽然觉得“貌似哪里不对”，然后集中精力，冷静地分析所有的条件，再做出最理性、最有效的决定。

——好像这并不太容易做到。是的，为了在关键时刻能够“一激灵”，集中精力（事实上这时就已经提高自控力了），你还可以做其他训练。

冥想

科学家已经证明，冥想练习，是可以提高自控力、注意力的。

降低呼吸频率

凯利·麦格尼格尔给我们提供了这一方法。具体做法是：

将呼吸频率降低到每分钟4~6次，也就是每次呼吸用10~15秒的时间，比平常的呼吸要慢一些。

这在一个人生气的时候可能很难做到，那时候大部分人会呼吸急促。没关系，试着多练几次，尤其是生气的时候，大脑里面努力想着让自己的呼吸慢下来。

运动锻炼

这个办法也曾让很多心理学家大吃一惊，实验结果让他们惊讶。他们发现，运动不仅能带来好的身体素质，而且确确实实能够让人的自控力大为提高。

看到这里，你就可以明白，为什么很多疾病缠身的人，总是脾气很差；而那些经常锻炼的人，却不怎么发脾气了吧。

6 和孩子一起开家庭会议

快过年了，老人们忙着张罗“如何吃”，年轻人负责具体“怎么吃”，好不热闹——这是中国常见的情景。在西方一些家庭，“吃”在年终岁尾并非不重要，但有一件事情肯定比“吃”重要：开家庭会议。

有的甚至很讲究仪式感，一个个正襟危坐，总结今年，展望来年，定下目标和方向。这一套“很西方”，让一些中国人接受不了。但如果你认清了家庭会议的实质，你就能明白这种“仪式感”的好处。

家庭会议当然不是一年只开一次，只是年底这一次比较重要罢了。如果想让自己家中“绿色常在”，经常开家庭会议总结一下，是一种很好的方式。

第一次家庭会议，会稍微有些尴尬。一个合理有效的家庭会议需要组织经验，即便你在公司身经百战、主持会议无数，这种会议也可能会让你感到难以掌控。

没关系，第一次最难，后面会慢慢好转。前面说过，每一次学习新鲜事物，大脑神经元都需要建立新的连接，有一个磨合过程。多练是克服问题的良药。

在这之前，还可以做一个准备工作：把孩子叫过来，拿出纸和笔，一起讨论制定“家庭的价值观”（也可以把这个话题作为第一次家庭会议的主题，现在讨论的是“草案”）。

“绿色家庭”的根本标志，就是有着良好的价值观，全家人在这个价值观的指导之下，相处更加和谐。这个价值观不必贪大求全，不必面向世界、面向未来，能够指导全家如何处理关系即可。

价值观一定要具体，那些口号化的，一概不要；也不一定那么简洁、上口——太简洁、太文雅了，不利于孩子理解。

比如，你可以定下如下几条：

- 每一次犯错，都是成长的机会。
- 控制不住要发火的时候，到自己的房间去冷静5分钟。
- 每天给家人一个微笑、一声“谢谢”。
- 家长不能拿别人家的孩子和自己的孩子做比较。
- 每天睡觉前，给自己一个微笑、一声“谢谢”。
- 学会自我评价，学会自我肯定。

每个家庭的“价值观”都不一样，不能千篇一律。制定好了之后，

家教专家谈

如果全家人无法就议程上的一项内容达成一致，就应该把它放到下次会议上再讨论，到时候就可能达成一致，因为多了一星期的冷静期和想出新主意的时间。在家庭会议上实行“多数票”原则，将会凸显家庭的不和。

——简·尼尔森

可以抄下来，设计一下，挂在卧室的墙壁上；有必要的话，每天可以和孩子一起读一读。

这一步进行完之后，可以开会了。

家庭会议怎么开？

先来看看美国心理学家简·尼尔森推荐的“家庭会议”模式。当然，这种模式比较“西方化”，未必适合中国家庭，可以作为参考。

尼尔森的建议是：

- 家庭会议的频率，可以是每周一次。
- 如果会议上做出决定，要做到“全体一致同意”。换句话说，家庭会议不适用“少数服从多数”原则。

这倒很令我意外。因为中国家庭一个习惯性的“民主方式”就是：父母“串通”一下，来个“举手表决”，三口之家，票数二比一，孩子的意见就被无视了。

尼尔森并不赞同这种做法，她的原则是“一致同意”；如果有了不同意见，可以交给时间解决，下一次会议的时候再讨论。

这就传达了一个信息：家庭的每一个成员都很重要。

- 家庭会议要讨论下周有哪些活动，尤其是“娱乐活动”。
- 家庭会议最后要以一个“全家参与”的项目作为结束，比如一块吃爆米花、甜点或者做游戏。

- 可以围着一张桌子开，这样有助于专心解决问题。

尼尔森的建议中，还包括设立会议主席（孩子们轮流做）、秘书（负责记录）等，适合于孩子较多的家庭。

另有几点需要注意：

会上要有专门的致谢、感恩环节。上一周谁表现不错，要加以表扬；哪件事情需要感谢，也要说出来。上周存在哪些问题需要解决，下周有什么计划，也是会议的重点议题。

这么规范的家庭会议，可能会让中国家庭不太适应。没关系，采用“坐下来、聊一聊”的方式，也是可以的。会议只是一个形式，关键看内涵。

核心问题是，每周要有一次全家人坐在一起的交流。如果是年底，可以“严格”一点，提前和孩子商量一下议程，谁来主持、谁来记录等；平时的会议，则可以不拘形式，随意一点。

会议的核心可以确定为两个：

第一，是问题。上周遇到了哪些问题，如何解决？这是家长和孩子必须关注的。没有这种对问题的梳理，问题积累下来，就容易造成大麻烦。

第二，可以是目标（或者计划）。下一步我要达到什么目标？一定要具体。如果目标很大，可以把目标进行分解，先确定一系列的小目标。

不管是年度目标还是学期目标，一定要公开，甚至可以挂在墙上。

这对孩子是一种督促。当然，如果孩子定了目标，家长也要如此，也要“目标上墙”。如果只是让孩子定目标，家长却没有目标，显然是不公平的。

目标公开之后，对所有人都是一种促进。心理学家的研究表明，如果你公开了自己的目标——哪怕只是让别人知道你在干什么（比如减肥、戒烟等），那么，你达成目标的可能性将是原来的10倍。

什么是创业家

创业人生　财商从娃娃抓起

美国亿万富翁、钢铁大王卡内基功成名就之后，经常想起一件令他“内疚”的事情。

这件让他“内疚”的事情，是他的“第一次商业冒险”。那时候他还很小，也就六七岁吧。他是孩子王，手下有一帮小朋友。

他最大的乐趣，就是养鸽子和兔子等小动物。可是，饲养这些小动物的工作，父母是不会帮忙的，只能自己动手。说实话，一天两天行，时间一长，就是一件枯燥而且有点累的事情了。

于是，他和小伙伴们签订了一个口头合同，他作为“雇主”，小伙伴们做他的“雇工”，工作是帮他采集蒲公英、车前草等，用来饲养小兔子，时间是一个季度——连合同期限都有，不得不说，这是一份“成熟”的合同。报酬当然也是有的——卡内基将用小伙伴的名字来给小兔子命名。

卡内基感慨得很：唉，想不到自己小时候居然能签订如此苛刻的合同！可小伙伴们居然都心甘情愿……

“三岁看老”——这句话或许有点夸张，但卡内基从幼年就表现出了一个优秀商人的精明和组织能力，这是毋庸置疑的。

优秀的创业家之所以成功，真的和他们童年的经历、教育、环境有关吗？我们一起来寻找答案。

1 问问孩子：2 元钱可以用来干什么？

设想一下：如果你是卡内基的爸爸、妈妈，从小他就表现出了过人的精明，你会怎么“教育”他？

“你这个偷懒耍滑的家伙，我让你喂兔子，目的是为了锻炼你，让你热爱劳动，你却让别的小孩帮你拔草，自己偷懒！”如果是我，得知他和小伙伴们签订了不平等的合同，弄不好会劈头盖脸一顿狠批，也许会把未来的商业天才扼杀在萌芽之中。

所以，你可能需要和我一样，读读他们的传记，你就会知道：原来这样的孩子才能成为创业家！否则，按我们固有的思维模式对他进行教育，培养的可能只是一个“听话的小孩”而已。

卡内基的父亲或许没有一套又一套的教育理论，但他明白一点：放手。

1850 年，卡内基 15 岁，就准备参加工作了。此时，他要去当时炙手可热的公司——电报公司应聘。父亲不放心这个 15 岁的小孩，陪着他一起去了。

到了电报公司大门口，卡内基说：“爸爸，你在楼下等着，我自己上去。”

父亲同意了，虽然他可能有点忐忑，因为这次面试卡内基的，是一个“大人物”——电报公司的经理。

15 岁的卡内基也不明白教育上的大道理，比如自立自强之类的，他的心思很简单：我单独面见经理，表现得一定会更好，因为老爸如果在场，看到我“成熟”的样子，一定会觉得好笑，所以，他还是不在场为好。

这两个都不懂“子女教育理论”的人，做了一次漂亮的“子女教育实战”：父亲懂得放手，儿子懂得独立。毫无疑问，一个 15 岁的孩子——相当于现在的中学生，会显得十分稚嫩，即便他努力扮演“成熟”。可是，这种扮演、这种独立，让电报公司经理十分赞赏，他留下了卡内基。卡内基由此有了人生的第一份正式职业。

如果你希望孩子成为卡内基、洛克菲勒，教育方式、思维方式，就需要稍微调整一下。这时候，“听话”不重要，“不听话”反倒好一些；“勤奋”不那么重要，能“有技巧地偷懒（走捷径）”反倒更重要。

对家长而言，如果孩子对学习兴趣不大，却对人际交往十分热衷，表现出了一定的组织能力，这时候你该做的，就是和卡内基的父亲一样：放手。

当然，要在一定范围之内放手。不把学习成绩作为唯一目标，

家教专家谈

早在我 10 岁时，对父母来说，我已经是一个有用的人了……很快，他们便放心地把那些与不同人打交道的账目交给我处理，于是，在一个很小的方面，我变得有学问起来，甚至在孩童时期就开始处理商业事务。

——卡内基

反倒可以把“这学期又交了几个好朋友（班级以外的）”“又组织了什么活动（即便带领伙伴们出去玩耍，只要不是不安全的场合，也算）”作为“考核目标”，做得好，就鼓励。

另一个关键问题，是要鼓励孩子：想到就去做，“开始行动”比“结果如何”更重要！

很多有“创业野心”的孩子，最大的问题是：头一天晚上，想得兴奋不已、睡不着觉，第二天昏昏沉沉起床，一切全忘。

经过几天的冷静期后，他们就会开始考虑自己这个想法的风险、问题、失败的可能，想得越多，就越犹豫，最终放弃。

等他成年之后，这依然会成为他创业的一大障碍。所以，鼓励孩子“想到就去做”，是一个重要的举措。

马云说过一句话：“机会是给没准备好的人的。”他的意思，并不是说你不需要“准备”，比如读书学习、人生历练，这些“准备”都是必要的。但一旦发现机会，即便时机不成熟，也不要等，马上去做。等你把一切都准备好，打算开始投资时，已经晚了——别人的产品都已经上市了。

卡内基有一个下属，名叫亨利，他刚到卡内基身边，就引起了卡内基的注意。因为，他谋求第一份工作的经历，比卡内基还要

家教专家谈

我很相信运气，我发现我越努力，运气就越好。

——托马斯·杰斐逊

传奇。

好吧，故事开始之前，先设想一下：如果你是亨利的爹妈，发生了如下事件，你会不会打他屁股？

那时候的亨利大概十几岁。哥哥已经能够打工赚钱了，让亨利很羡慕。

一天，亨利忽然向哥哥借钱（看来是哥哥比较好说话，没敢向爹妈借）。“你借多少？”哥哥问。“25 美分。”弟弟回答。

“那么多！”

记住，这是 19 世纪，那时候的小孩，手里的零花钱要以几美分来计。25 美分对一个孩子来说，不是小数目了。

哥哥对他比较信任，既然弟弟借钱，肯定是有什么重要用途，就借给了他。

第二天上午，人们惊讶地发现，当天的《匹兹堡快报》上，刊登了一则广告，内容如下：

“一个勤劳的男孩企盼一份工作。”

是的，这就是亨利人生的第一笔“大投入”。他花掉了 25 美分，在报纸上刊登了一则求职广告，很快，他获得了一份工作。

这个给自己登求职广告的人，后来成了全美最富有的人之一——亨利·菲普斯。

家长要给孩子做表率——想到就去做

现在就有两个问题了：

第一个是，如果你发现自己的儿子在报纸上做了求职广告，而他现在的主要任务是学习，你怎么处理？鼓励还是批评？

第二个是，如果你的孩子是一个“想法很多、却不行动”的“空想派”，你怎么引导他“想到就做”？

可以肯定，亨利之所以“想到就做”，萌生“我需要一份工作”的想法之后，马上就借钱刊登广告，和他父母敢于“放手”的教育思路有很大关系。如果你处处替孩子着想，什么事情都给他安排好，一切事情都由父母包办，他可能连想都懒得想，即便想到了，也不愿意去实施，因为即便实施，也会遭受来自父母的阻力。

很多父母对子女的教育方式是这样的：我们都替你安排好了，你何必还要自己想？

这是一种错得相当彻底的教育方式。

如果孩子“想法多、行动少”，首先要弄清楚原因：孩子是害怕失败，还是觉得“太张扬了不好”？还是有什么其他的顾虑？

害怕失败并不是大问题，要想克服这一心态，“让孩子多失败几次”或许是最好的办法。人的大脑是需要训练的，对失败的态度也是。失败的次数多了，大脑神经元的相关区域就会变得强大（因为受过了多次失败的“训练”），孩子对失败的心态也会有所变化，真变得“胜不骄败不馁”了。

姚明曾经在一次访谈时说过，“胜不骄败不馁”这句话说出来很容易，真正做到却不容易，必须经历很多次失败之后，心态才会真的平和起来。

如果孩子觉得“这么做会不会太张扬”，也不是什么大问题，后面我们还会讲到：一定要让孩子觉得自己重要，只有自己觉得自己重要了，他才会真的重要起来。

比如卡内基，他在第一次求职面试时，固然心里没有这样的意识，但事实上已经做出了“我很重要”的姿态，故意去扮演成熟，一个人单枪匹马去见经理。

如果父亲陪着他面试，父亲的重要性会被突出，他就显得不怎么重要了。他会被忽视，真的变得不怎么重要。

如果孩子是有其他的顾虑而不肯行动，父母一方面要找找原因，也可以采取以下措施：

自己做表率，想到就去做，不犹豫

比如，来一次“说走就走的旅行”，并在旅行当中和孩子讲讲“想到就去做”的好处——很多事情，拖着拖着，人就老了。

引导孩子读一些财富大亨的传记

这时候，尽量少读文人、艺术家、科学家的，因为他们的成功，和天赋、个性的关系较大，很多人也很拖延。但财富大亨不同，他们想到了如果不去做，机会就成了别人的，也就很难成功。

反复的心理暗示

“想到就去做”并不简单，也不可能一蹴而就。父母要通过各种方式反复去向孩子提示、暗示、示范。让孩子把“想到就去做”这句话写下来，挂在卧室里或者写在本子上，每天提醒自己。这样，即便很多时候他还是在犹豫，但内心里“行动”的欲望会越来越强，直到走出第一步。

2 把这句话送给孩子——你就是你最大的资本

想法多却不付诸行动，不仅是在子女教育中经常遇到的问题，在成年人甚至创业者中，也很常见。

有一年，石油巨头洛克菲勒收到了一封来信。信是一个年轻人写的，洛克菲勒是他的偶像，他也想通过自己的努力，成为富人。但他有一个问题：想创业，却没有资本。

开什么玩笑？没有资本，没有本钱，就想创业？这似乎是一道“无解”的题，年轻人把它抛给了洛克菲勒。

洛克菲勒也很头疼（总之我是不会借给你钱的，小伙子）。但他还是回信了：

“贫穷到富裕的道路总是畅通无阻的，最重要的是你要相信：你是你最大的资本。你要对自己的迟疑不停地探究，直到可以用信念完全取代怀疑。你要明白，假如连你自己都不信的事，一定会失败。”

你是你最大的资本！记下来了吗？第一次读到这句话的时候，我是认认真真抄下来，记在了笔记本上的。并且，将与我的女儿共勉。

说真的，我有这种自信，相信你正在看的这本书，是最好的子女教育读本之一。即便如此，我还是强烈建议你和孩子一块读另一本书——《洛克菲勒写给孩子的 38 封信》。

这本书内容很杂，你可以把它看成书信体传记、经商经验谈。在我眼中，它也是最好的教育读本之一。女儿上初一的那个寒假，我曾经和女儿每天共同读上一篇，直到假期结束。

洛克菲勒功成名就之后，捐资创办了芝加哥大学。有一年，他到芝加哥大学参加活动，很快遭到了“粉丝”——一群朝气蓬勃的大学生——的包围。他们的问题，和这个苦于没有本钱创业的年轻人大体一致：

我们想和你一样，取得辉煌成就，该怎么做？

洛克菲勒就在这群年轻人中间，发表了即兴演讲。这或许是历史上关于教育、关于未来、关于创业的最好的即兴演讲之一。

“成功的最终决定因素是思想的‘大小’。”

“你们远比想象中的自己要伟大得多，不要局限于自己的思想，更不要看轻自己。”

“很多人在评价自己的时候，会想到很多缺点、过失和无能。能够承认自己的缺点非常好，可以改进以求提高。但是，假如我们只盯

家教专家谈

不论哪一类目标，具体的、笼统的、现实的，还是宏伟的，首先都必须是明确的。含混不清的目标会使下属在关键时刻无所适从，这样的管理必定是失败的。

——J.P. 摩根

着自己的缺点，而看不到任何优点，那么就会觉得自己很没用，从而陷入混乱之中。”

“假如一个人觉得自己不如人，那么就会真的表现出各种不如别人的行为；那些认为自己不重要的人，就会真的不重要。”

“那些认为自己担负着重大责任的人，就真的会成为重要人物。因此，假如你们想做一个重要人物，就必须先自己认为‘我确实很重要’。”

“你觉得自己是什么样的人，就很有可能成为什么样的人。”

“那些认为自己不重要的人，通常都会自暴自弃。……你们要认可自己的优点，告诉自己‘我比想象中的还要优秀’！”

洛克菲勒未必懂心理学，但他说出的这些话、这些理念，几乎无一例外，都被心理学家和科学家们的实验所证实。

比如，如果你动不动就说“老了，记不住东西了”，你的记忆力真的会下降；如果你坚定地相信“脑子越来越好”，那你的记忆力可能真的会增强。这是心理暗示，也是神经元努力的结果。

核心就是两点：

第一，端正对自己的态度，不要动不动说“我不行”，而要变成“我能行”！

好的心态，是成功的前提。

第二，要认可自己的优点，不要太关注缺点。对自己如此，对子女更是如此。

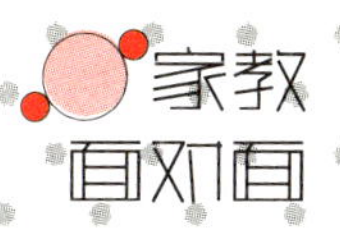

提醒孩子“认为自己很重要”不等于没礼貌

让孩子感觉自己“很重要”，绝不是让他好高骛远、狂妄自大，甚至趾高气扬、毫无礼节。在引导孩子学会自我评价的同时，要提醒他：“认为自己很重要”不等于没有礼貌、事事和别人争抢。

在中国很容易遇到这样的场景：大家你争我抢，毫无节制、毫无礼貌，人人都觉得自己“很重要”，人人都在“争第一”，比如买菜、挤地铁的时候。有过这样的经历之后，可以启发他：如果人人都想“争第一”（秩序比竞争更重要的场合），结果会怎样？

如果有一次社交活动，你和孩子一起外出，回来之后大家都感觉意兴盎然、十分舒服，可以和孩子总结一下：为什么和这些人相处，会让人觉得这么舒服？

他们对你彬彬有礼，是因为你很重要、很值得他们尊重吗？不是的，是因为他们觉得自己很重要，而一个内心充分肯定自己的人，对自己的待人接物一定也会严格要求，所以也会觉得你很重要。一个把你看得“很重要”的人，一定会让你感到很舒服。

——这就是原理。可能不太容易和孩子讲明白，但没问题，慢慢来。

3 从创意到财商
——想象力是创业家的翅膀

创业家的思维方式，和普通人是不一样的。钢铁大王卡内基在第一次求职的时候，想的是："不能让爸爸和我一块去面试，否则显得我不独立。"普通小孩想的可能是："一定要让爸爸陪我去，否则我会害怕！"

除此之外，他们和"普通人"还有什么不同呢？

下面这两个故事，也是求职的，一个是成年人的，一个是孩童的。他们的思维，都属于"创业家思维"。我们来看一下这种思维和普通思维的不同。

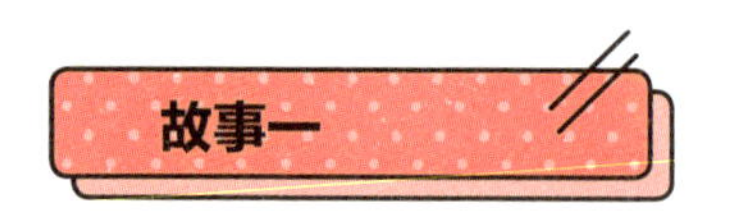

西蒙·福格曾经担任英国著名报纸《泰晤士报》的总编辑。可你知道，他是怎样入职泰晤士报的吗？

从伯明翰大学毕业之后的第二天，西蒙就急不可耐地来到自己心中的"圣地"——泰晤士报社求职。可是，该报并没有打招聘广告，他属于"不请自来"。

他直接闯进了总编的办公室，客气地询问："请问你们这里需要

编辑吗？”

“不需要。”总编回答。

“那么，记者呢？”西蒙不死心，追问。

“不需要。”

“排版员呢？”

“不需要。”

“校对员呢？”

“还是不需要！”总编不耐烦了，“我们现在没有任何职位空缺！”

西蒙似乎有点尴尬，他低下头，从包里翻了翻，拿出一块早就设计好的牌子，说：“那我想你们需要这个。”

总编一看，无奈而又服气地笑了：“好吧，我想你可以来接受试用了。”

牌子上写的是——“额满，暂不雇用”。

给脑子留点思考的时间，趁机看看下面的故事吧。

故事二

一个小男孩从报纸上看到一则启事，一家公司要雇用一个人，正好他的条件很合适——没有比这更好的打工机会了。

按照规定的时间，他赶到了面试地点。让他略感遗憾的是，面试的人员已经排起了长长的队伍。

这个工作门槛比较低，所以才会有这么多人排队。从排队人员的个头来看，条件比他好的，似乎不少；而这次招工只需要一两个人。也就是说，不用等到他面试，老板可能就已经定好人选了。

怎么办？小男孩灵机一动，想了个办法。他和排在自己前面、后面的男孩打了个招呼，让他们给自己保留位置，然后离开队伍，写了一张纸条。他找到负责此事的女秘书，对她说："小姐，麻烦您把这个纸条交给老板，好吗？"

女秘书看了看纸条，又看了看男孩，男孩显得文质彬彬、充满自信。最终，她决定把纸条交给老板。

老板打开纸条，上面写着这样一行字：

"先生，我是排在第 21 号的男孩。在见到我之前，请不要做出任何决定。"

这两个故事能让人悟出很多东西，尤其是思维方式的不同。比如在"故事一"中，我们可以看到西蒙这样的品质：

- 敢闯：不是被动等待报社招聘，而是主动上门。
- 到最优秀的单位，和最优秀的人在一起：只要能进入泰晤士报这样优秀的报社，那么，即便做排版员、做校对员也可以。

家教专家谈

在我看来，想象力比知识更重要。不少人教育孩子时，总是使劲给孩子灌输各种知识，却忽视了他们的想象力。我不主张把孩子学习知识作为目的，学习知识只是手段，借助这一手段开发他们的各种能力才是我们的最终目标。

——卡尔·威特

◎ 百折不挠：一次次受挫、一次次被否定，却一直在坚持。

在“故事二”中，我们可以看到小男孩的如下品质：

◎ 积极心态：面对排起长龙的队伍，不是消极等待甚至放弃，而是主动、积极地想办法。

◎ 灵活：抓住了“女秘书”这个关键环节。

◎ 自信：对自己能够应聘成功充满自信，而且通过字条，向老板展示了这种自信。

这些内容，都是显而易见的。还有没有其他素质，是我们忽视了的呢？

答案是有的，那就是：创业家的想象力！

西蒙去泰晤士报应聘，看上去有点冒失，其实是做了充分准备的。在去之前，他显然已经在大脑中无数次想象了“贸然应聘”可能遭遇的各种结果，并做了最坏的打算。

所谓最坏的打算，就是总编最后说的那句话：报社现在没有任何岗位空缺。

如果是这个结局，怎么办？放弃吗？西蒙没有这么想，他绞尽脑汁，充分发挥想象力，决定制作一个牌子，用一种充满幽默而执着的方式，来打动总编辑。最终，他成功了。

可以看到，这种想象力有两层含义：

第一，“大脑预演”的能力。在进行一次重要的社交活动（比如演讲、应聘）时，我们应该具备“在大脑中预演”的能力，考虑到所有现场可能出现的问题，并设想如何应对。对可以想象到的意外情况，要做好准备。

第二，“出人意料、实现转机”的能力。当西蒙的大脑预演到“报社没有任何岗位空缺”的“最坏结果”后，这种能力就极其关键：他要用一种出人意料的方式，博得同情，并让总编觉得他是一个很优秀的人才，能在“没有岗位空缺”的情况下录用他。那块“出人意料”的牌子，就是西蒙实现转机的关键。

“故事二”中，小男孩写的纸条，和西蒙的牌子异曲同工，同样取得了“出人意料、实现转机”的结果。而这种做法，没有想象力的人，是做不出来的。

我们把这种想象力，叫作“创业家的想象力”，它的特点是出人意料、实现转机。很多创意，都有这个特点，它和艺术家的异想天开、天马行空的想象力，是不一样的。

日本本田汽车的创始人本田宗一郎说过这样一段话：

“能够出乎大众意料的，才是发明和创意，这才代表着全新的设计。不明白这一点，每做新产品就发调查问卷，多半只能做出各方面都很平庸的东西，只能被其他厂商甩在后面。”

出乎大众意料，需要丰富的想象力。苹果公司前总裁乔布斯一手打造的苹果手机，就是一款充满了想象力的产品。在它之前的键盘手机时代，没有人想到，一个“没有了按键”的“手机”，居然还能叫“手机”；在缺乏想象力的人眼中，手机必须有按键，它才能叫“手提电话”。

千万别扼杀孩子的想象力

想象力的重要性毋庸置疑。问题只在于：我们如何保护孩子的想象力？

孩子的想象力天生强大，问题是，它们经常被扼杀。正如毕加索说的：“每个孩子都是艺术家，问题是在他们长大后如何保持住自己艺术家的那一面。”

有一次，一位朋友到老卡尔·威特家做客，小卡尔正在画画：他用了一支蓝色的彩笔，画一个圆圆的东西。

客人问他：“你在画什么呢？”

小卡尔说：“苹果。”

“既然画苹果，为什么要用蓝色的呢？用红色或者绿色才对。”客人说。

小卡尔说：“可是我觉得应该用蓝色。”

客人对老卡尔说：“你应该纠正一下你儿子，他用蓝色的笔画苹果，这是不对的。”

老卡尔很惊讶，说：“我为什么一定要纠正他呢？为什么非要用红色？或许以后就会有蓝色的苹果培育出来呢。至于你说‘红苹果是常

识’，那不是什么大问题，孩子只要见过苹果，自然就会知道。”

老卡尔之所以拒绝了客人的建议，核心问题，就是为了保护孩子的想象力。因为，这些“规矩”，是用成年人的标准去建立的，并非孩子的标准。孩子的想象力中，任何东西、任何色彩，都是可能的。如果我们用成年人的标准强迫他们纠正，除了扼杀他们的想象力，没有任何好处。

父母习惯了成人的“规矩”，形成了思维定式，一不小心，就会落入“扼杀孩子想象力”的陷阱。

曾经有一个3岁的小朋友指着月亮问爸爸：“爸爸，那是灯吗？”

爸爸纠正说：“那不是灯，那是月亮。”

儿子说：“它能照亮地面，就是灯。”

爸爸忽然意识到了什么：“月亮为什么不能是灯呢？它的照明功能不是和灯一样吗？孩子的思维模式和成人不同，何必要用成人的思维去约束他们呢？”

对成年人来说，很多事情，都有“标准答案”，但要记住，“标准答案”是谋杀孩子想象力的大敌。

想象力是创意的基石，培养孩子的财商，从创意开始。

4 告诉孩子，每天都有笔巨款等你来投资

想象力—创意—财商，对孩子来说，这是最好的财商培养路径。所谓财商，简单来说，就是一个人发财致富的能力。财商匮乏的人，在当今激烈竞争的社会之中，想要迅速致富几乎是不可能的。

财商真的有必要“从娃娃抓起”吗？会不会让孩子沾上“铜臭味”？大可不必有此顾虑。

盛产富豪的犹太人，这样教育孩子：

孩子，每天清晨，你睁开眼，你的账户上就有86400元，等着你投资。你用好它，会让自己的财富倍增；用不好，这笔钱就会从你的户头上消失。

这86400元“巨款”，就是你一天的86400秒。时间就是财富，就是金钱，你必须学会管理时间，让时间变成真的金钱。

很多人从这个例子中，读出了犹太人的“时间管理”意识，却忽略了其背后的财商意识。把时间看作财富，把时间像金钱一样去管理，才是犹太人成功的真正秘诀。

孩童阶段，是财商培养的最佳阶段。为什么？财商到了大学甚至毕业之后再培养，貌似也不迟啊。

并非如此。从某种程度上来讲，财商来源于创意，想象力是创

意的源泉，孩童时代，正是想象力最为丰富的时候。

当一个人以一个出人意料的创意获得成功的时候，你可以问问他：“你小时候有故事吗？”

一位父亲问他的儿子：

“孩子，你知道一磅铜多少钱吗？”

一磅铜的价格，如果不是专业人士，就连成年人也未必知道。这位父亲能提出这样的问题，可能是有意识地想要培养孩子的财商。

从儿子的回答来看，他显然对此很熟悉。儿子回答道：“35美分。”

对儿子的答案，爸爸似乎不太满意：“对。不过，整个得克萨斯州的人都知道每磅铜35美分。”

显然，他的目的，并不是考察儿子对市场的熟悉程度，而是培养他创造财富的能力。他接着说：

“记住，你是犹太人。在擅长经商的犹太人眼中，一磅铜的价格是35美元。”

35美元，太离谱了吧？看着儿子吃惊的表情，爸爸接着说：

“你应该关注的，是铜的价值，而不是价格。它作为废铜，价格的确是35美分。但如果你把它们做成门把手，它就会变成35美元一磅。”

——这只是犹太人教育孩子的一个真实的小故事。如果到此为止，似乎也没什么意思。我们想知道的是：这种财商教育，真的会有效果吗？

所以，故事还没有结束。耐心点。

犹太孩子把爸爸的话记在了心里。很多年以后，他也成了一名商人。

1974 年，美国因为清理自由女神像，扔下了大量的废料，难以处理。政府开始公开招标，想卖掉这些废料，却没有人接手。已经成年的这个犹太人去现场考察之后，做了一个让很多人耻笑的决定：花钱把这些废料买下来。

然而，看着这个犹太人的举动，那些笑话他的人，笑容逐渐凝固：

废料中的铜，被融化之后，铸成了无数个小自由女神像，那些水泥块和木头则加工成了底座，用来出售，成了抢手货；

自由女神像上扫下的灰，被包装起来，作为肥料卖给了花店；

废铅和废铝做成了纽约广场的钥匙，成了热销的旅游纪念品……

这堆没人要的废料，最终让这个犹太人足足赚了 350 万美金！他就是麦考尔公司董事长。

如果不是从小就受到父亲的培养、锻炼了财商，麦考尔恐怕很难有这么精明的商业头脑。并不是所有的“精明”都是天生的，“精明”

家教专家谈

犹太人非常重视从小培养孩子的生存能力，从小给孩子灌输“不劳无获”的法则。以色列家庭教育有句口号：要花钱，自己挣！

——沙拉

是可以后天培养的。

问题是：如何培养?

石油巨头洛克菲勒也是犹太人，他的父母如何培养他的财商，因为年代久远，很难找到太多的资料，但他对子女的培养，却给我们打开了一扇窗——让我们来看看亿万富翁洛克菲勒如何培养子孙的财商。

怎样培养孩子的财商？

很多犹太家庭采用这样一种机制：有偿生活机制。也就是说，每个成员在这个家庭中生活，都不是“无偿”的，都是需要付出的，无论大人、孩子。孩子也要劳动、也要付出，所以犹太家庭的孩子把干家务看成是理所应当的事情。

洛克菲勒家更是把这种机制应用到了极致。在洛克菲勒小的时候，他经常性地给父亲做“雇工”，以此赚取零花钱（注意，这些工作都是家务活之外的，一般是额外劳动，比如干农活等。家务活是分内之事，不能靠这个赚钱）。

这些工作主要包括帮爸爸干农活、帮妈妈挤牛奶等。他实行“时薪制”，每小时0.37美元。洛克菲勒有个小账本，每天把自己完成的工作量化之后，记在小本子上。

成年之后，洛克菲勒的家庭财富，已经远非普通人可比。但他对子女的教育，依然十分“抠门”，对零花钱管得很严，孩子们如果想要得到更多的零花钱，必须付出劳动才能获得。

看看洛克菲勒家的零花钱标准：

七八岁时：每周 0.3 美元；

十一二岁时：每周 1 美元；

十二岁以上：每周 2 美元。

和其他富人家的孩子比起来，这可怜的几美元太寒酸了。怎么办？可以自己挣。

于是，洛克菲勒制定了“家务挣钱细则”，比如：

拍死 100 只苍蝇，赚 0.1 美元；

逮住一只耗子，可以赚 0.05 美元；

帮家里处理蔬菜、劈柴、拔草等，根据情况奖励。

显然，这钱不太好挣，至少要能直面被拍扁的苍蝇和吱吱乱叫的老鼠。

你以为这就完了吗？没有。对零花钱，洛克菲勒还实行“动态管理”。

洛克菲勒对子女零花钱的动态管理就是：加入了审核程序（相当于现在的审计），并根据审核结果，进行惩罚或者奖励。

每个孩子都有一个小账本，记录他们零花钱的收入和支出，做到“每笔账目都清清楚楚”。你怎么花，那是你的事，给你自主权，但事后要考核、评判。

考核包括两项：第一，账目是否记得清楚，是否对得上账。牛头不对马嘴的账本，一笔糊涂账，那是会遭受惩罚的。

第二，每一笔开销，用途是否正当、合理。乱花钱、胡花钱不行，以明显高出市场价的价格买东西，也是不行的。

每次从洛克菲勒这里领钱的时候，孩子们都要先交上账本，让他审查。如果孩子的账目符合以上两项要求，下一周的零花钱可以递增5美分；如果不符合要求，就会减掉5美分。

这种动态考核很有效，不上心的孩子，零花钱就会减少，这让他们不得不绷紧了弦，花钱的时候要认真掂量一下。

洛克菲勒有了孙子约翰之后，他对孙子的零花钱管理更进一步，甚至制定了细则：

1. 零花钱的起始标准为每周1.5美元；
2. 每周末核对账目，如果账目清晰、花钱合理，下周上浮0.1美元；
3. 至少将20%的零花钱用于储蓄；
4. 每项支出都要清晰、准确地记录；
5. 未经爸爸妈妈同意，约翰（洛克菲勒之孙）不可购买较为贵重的商品。

啥也别说了，好好学吧！

5 不会说“不”的孩子，更让人担心

“这孩子真听话。”

——听到邻居的赞美，你一定很高兴吧？然而，如果一个犹太家长听到了这样的赞美，不仅不会高兴，反倒会担心。

把这个话题再延伸一步：我们知道，有些孩子的“叛逆期”（也叫“反抗期”）很明显，有的孩子则相反，没有明显的“叛逆期”。显而易见，没有叛逆期或者叛逆期较短的孩子，会让家长更轻松。可是，他们的未来呢？

以色列学者曾经花了 20 年时间，用来跟踪研究这两类孩子的成长过程：一类，是带有明显反抗期的；另一类则相反，没有明显的反抗期，换句话说，他们更“听话”。

他们发现，在家庭教育没有出现太大偏差的情况下（如果偏差太大，也会导致有明显叛逆期的孩子出问题），后者——也就是“听话”的孩子，长大以后缺乏自主性；前者则自主性较强，对社会的适应性也更强。

最后的结论是：如果一个孩子不会向父母说“不”，那才是更令人担心的问题。

换句话说，孩子如果稍微“坏”一点点——只要不是那种原则性

的“坏”，家长需要容忍，需要用积极的心态来对待。

本田宗一郎说得更为露骨：

我对大家口中的“坏孩子”充满了期待。因为这样的孩子拥有“个性的萌芽”，充满无限可能，他们才是真正意义上的“好孩子”。

当然，本田宗一郎口中的“坏”，显然不是无条件的“坏”，而是有原则的“坏”：调皮捣蛋可以，但要有特长；别人所谓的“好”，能体现在学习成绩上，他的特长无法在成绩上体现，所以被界定为“坏”——仅此而已。

也就是说，这种“坏”，是和常规理念针锋相对的一种“反常规”；一旦人们的理念发生了变化，这种“坏”就变成了“好”。

下面出场的这两个孩子，一个考试经常考倒数第一，一个竟然偷家里的东西、多次酿成事故，你能说他们是“好孩子”吗？

经常考倒数第一的这位，是大名鼎鼎的汽车大王福特。

福特显然不怎么听话。那时候他老爹搞了一个养殖场维持生计，逼福特帮他在农场里干活，比如锄地、挤牛奶、喂鸡。福特显然没有洛克菲勒那个耐心和吃苦的能力——他父亲大概也不会给他按每小时

家教专家谈

有些缺点是家长无理派给孩子的。例如，有的家长要求孩子每天晚上学习两个小时。但对于一个14岁的孩子来说，他如果能集中精力学30分钟，就该休整一下。家长却一厢情愿地要求孩子一次至少学习两个小时，这本身就违背客观规律，自然难以实现。

——王金战

0.37美元计工资，所以父子俩“明争暗斗”是常有的事儿。例证之一就是，福特后来从来不吃鸡肉、不喝牛奶，原因是他小时候喂鸡喂够了、挤牛奶挤够了，都留下心理阴影了。

不爱劳动，学习好也行啊。可福特上学后也很让家人伤脑筋：除了算术还过得去，其他一塌糊涂，几乎都是倒数第一。福特成名之后，曾经有个报纸骂他“无知”，福特怒了，和报社打起了官司。这倒也不是没有理由，记者这么骂他，原因之一就是他学习成绩差。但他毫无疑问是个精明睿智的人，律师在法庭上公开“考”他问题，以证明他很“无知”，福特发飙了，说道：“律师先生，在我的办公桌上有一排按钮，我只要摁下其中一个，马上就会有全美最顶尖的专家来替我解答。我记住这些无聊的知识，究竟有什么意义呢？”——后来法官就是根据福特这句话，判他赢了。

福特还有着另一个令家人头疼的毛病。每到邻近放学的时候，家人就要把家里看得见的机械类的东西——比如手表、新买的农具等，赶快藏起来。否则，等福特放了学，只要他一看见，就会扑过去……很快，完整的手表、新农具，就会变成一摊零件。

福特的兴趣，是机械。小学是不可能有机械课的，所以福特学习成绩很差；如果机械可以纳入学业成绩，那他无疑是优等生。

别人拆东西，把一个变成一堆——这不叫本事；福特的本事是，还能把一堆“还原”成一个。上小学的时候，福特就能制作简单的蒸汽引擎了——很不幸，他在学校进行这个伟大创举的时候，发生了爆炸，自己的嘴唇被割破，一个同学的头部受重伤，属于一起严重事故。

看来当时的学校还是比较包容的，竟然允许这样的“野孩子”在学校里乱搞。

另一个“坏孩子”更离谱，竟然从家里偷原料制作炸药，这个人就是诺贝尔。

诺贝尔的父亲伊曼纽尔就是研究炸药的，受他的影响，诺贝尔从小对炸药有着浓厚的兴趣。但这东西实在太危险了，在诺贝尔制造了一次爆炸事件之后，家人开始严禁他接触炸药原料。即便如此，也没能阻挡诺贝尔的热情，他甚至从父亲的工厂中偷来了硝石（制作炸药的原料之一），继续制作炸药。那时候，他还是一个十几岁的孩子。

从某种程度上讲，福特和诺贝尔都算得上是“坏孩子”，尤其是诺贝尔的举动，风险太大了。这种冒险，从家长的角度而言，实在不值得鼓励，甚至是需要严格禁止的。

但从理念上来看，允许孩子有那么一点点“坏”——只要不出格、没有大的风险，并非坏事。

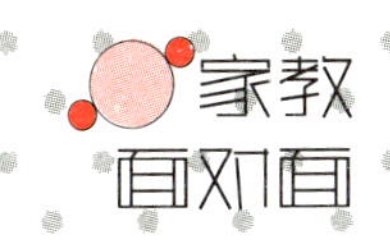

学会欣赏孩子的“不”

“好”和“坏”都是相对而言的。孩子听话，成了一个优秀的“好孩子”，进了北大、清华，这当然是好事。但要注意，如果在这个过程中，不注意对孩子独立性的培养，即便他进了北大、清华，又能怎样？

清华大学有个学生心理发展指导中心，心理学博士刘丹是中心的老师之一，长期在清华、北大这两所高等院校从事心理疏导工作。在她眼中，学业优秀，却缺乏独立性，对未来感到迷茫，甚至因此抑郁的学生，实在不少。

在北大、清华，从小十分听话、学习成绩优异的学生，几乎随处可见。有的人从小学就是“学霸”，一直读到北大博士毕业，可谓顺风顺水，可心理医生经常听到的，却是这样的话：

“我不知道人生的方向在哪里，我不知道我学这么多有什么用。我一直很听话，可是没有人告诉我，你的未来是怎样的。父母根本不了解我要面对的社会。我真的不知道该怎么办。”

犹太人说，不会说“不”的孩子更让人担心，或许指的就是他们吧。

所以，当孩子对你说“不”的时候，你不仅不要生气，反倒应该暗暗地欣喜一下——至少，孩子的自主性开始萌芽了。

如果你觉得自己的孩子，浑身上下有很多缺点，那也需要认真梳理一下：

这些“缺点”中，有多少是“你认为”的缺点？

这些“缺点”中，有多少是“常规理念”下认为的缺点？

比如福特喜欢拆卸玩具、经常“瞎折腾”，这是缺点吗？这恐怕不能算缺点，反倒是优点，因为他在培养和施展自己的爱好与特长。认清了这一点，你也就不必为孩子“缺点太多”而烦恼，甚至可以因势利导，发展一下孩子的特长了。

当然，前提是不要被应试教育的思维所束缚。

后记

学会分享，一起成长

你每年为孩子的成长花多少钱？

你每年为自己的成长花多少钱？

孩子在成长，作为家长，你有没有成长？

家庭教育没有灵丹妙药，但一定有技巧；养儿育女不会一劳永逸，但一定有捷径。最高明的技巧和最短的捷径，叫作——

和孩子一起成长！

需要和孩子一起成长的，不仅包括父母，还包括：

1. 家庭教育环境的成长；

2. 孩子“朋友圈”（他的同学、伙伴们）的成长。

所谓“家庭教育环境”的成长，最关键的，是父母以及爷爷奶奶、外公外婆在教育理念上共同成长，在教育规则、教育思想上达成共识，形成认同。要不然你接受了先进的教育理念，而配偶及父母却不认同，结果就是徒劳无功。

真正有效的家庭教育，必须形成合力。你可以把这本书分享给家人，全家形成共识，教育就会简单得多。

分享，同样适用于孩子朋友圈的成长。朋友圈成长，孩子就会成长；朋友圈优秀，孩子会更优秀。不要害怕孩子的朋友优秀，因为在一个“伙伴们都很优秀”的环境中，你的孩子只会更优秀。

所以，干吗不把这本书分享给“孩子小伙伴的家长们”呢？

孩子的成长，源于环境；父母的成长，始于分享。

（更多内容可以搜索关注本书作者的微信公众号“高了高”）